"므두셀라를 낳은 후 삼백 년을
하나님과 동행하며 자녀를 낳았으며"
창세기 5장 22절

וַיִּתְהַלֵּךְ חֲנוֹךְ אֶת־הָאֱלֹהִים אַחֲרֵי
הוֹלִידוֹ אֶת־מְתוּשֶׁלַח
שְׁלֹשׁ מֵאוֹת שָׁנָה וַיּוֹלֶד בָּנִים וּבָנוֹת׃

בְּרֵאשִׁית 5:22

하나님과
동행함

김남준 현 안양대학교의 전신인 대한신학교 신학과를 야학으로 마치고, 총신대학교에서 목회학 석사와 신학 석사 학위를 받았으며, 신학 박사 과정에서 공부했다. 안양대학교와 현 백석대학교에서 전임 강사와 조교수를 지냈다. 1993년 **열린교회**(www.yullin.org)를 개척하여 담임하고 있으며, 현재 총신대학교 신학과 조교수로도 재직하고 있다. 청교도적 설교로 널리 알려진 저자는 아우구스티누스를 비롯한 보편교회의 신학과 칼빈, 오웬, 조나단 에드워즈와 17세기 개신교 정통주의 신학에 천착하면서 조국 교회에 신학적 깊이가 있는 개혁교회의 목회가 뿌리내리기를 갈망하며 섬기고 있다.

주요 저서로는 **1997년도 기독교 출판문화상**을 수상한 『예배의 감격에 빠져라』와 **2003년도 기독교 출판문화상**을 수상한 『거룩한 삶의 실천을 위한 마음지킴』, **2005년도 기독교 출판문화상**을 수상한 『죄와 은혜의 지배』를 비롯하여 『구원과 하나님의 계획』, 『게으름』, 『자기 깨어짐』, 『하나님의 도덕적 통치』, 『교사 리바이벌』, 『자네, 정말 그 길을 가려나』, 『목회자의 아내가 살아야 교회가 산다』, 『설교자는 불꽃처럼 타올라야 한다』, 『돌이킴』, 『싫증』, 『개념없음』, 『그리스도인이 빛으로 산다는 것』, 『가상칠언』, 『목자와 양』 등 다수가 있다.

하나님과 **동행함**

ⓒ **생명의말씀사** 2005

2005년 6월 10일 1판 1쇄 발행
2017년 4월 19일   7쇄 발행

펴낸이 | 김재권
펴낸곳 | 생명의말씀사

등록 | 1962. 1. 10. No.300-1962-1
주소 | 서울시 종로구 경희궁1길 5-9(03176)
전화 | 02)738-6555(본사) · 02)3159-7979(영업)
팩스 | 02)739-3824(본사) · 080-022-8585(영업)

지은이 | 김남준

교열 | 태현주, 조해림
디자인 | 디자인집
인쇄 | 영진문원
제본 | 정문바인텍

ISBN 89-04-15607-6
      89-04-00121-8 (세트)

저작권자의 허락없이 이 책의 일부 또는 전체를
무단 복제, 전재, 발췌하면 저작권법에 의해 처벌을 받습니다.

참된 그리스도인의 표지 시리즈 1

Walking with God

김남준 지음

하나님과 동행함

생명의말씀사

목 차

저자 서문 ● 8
들어가는 말 ● 11

 1장 성도의 성경적 정체성 | 15

    Ⅰ. 하나님과 동행한 사람, 에녹 | 17
    Ⅱ. 성경이 말하는 성도의 정체성 | 21
        A. 이 세상의 순례자 | 21
        B. 하나님과 동행하는 사람 | 27

 2장 하나님과 동행하는 표지 1 : 하나님과 평화를 누림 | 33

    Ⅰ. 이중의 평화 | 35
        A. 원리적인 평화 | 36
        B. 실제적인 평화 | 38
    Ⅱ. 하나님과의 평화가 수립되는 방식 | 43
        A. 공로적으로 : 그리스도의 중보사역을 통해 | 43
        B. 유효적으로 : 성령의 역사를 통해 | 45
        C. 적용적으로 : 신자의 믿음을 통해 | 46

Ⅲ. 하나님과의 평화의 회복과 유지 | 48
   A. 평화의 깨어짐 : 불순종과 죄 | 48
   B. 평화의 회복 : 참회와 용서 | 50
   C. 평화의 유지 : 순종과 사랑 | 52
Ⅳ. 하나님과의 평화의 진수 : 기쁨 | 55
   A. 신자에 대한 하나님의 기쁨 | 56
   B. 하나님께 대한 신자의 기쁨 | 61

3장 하나님과 동행하는 표지 2 : 하나님의 영광을 갈망함 | 65

Ⅰ. 신자 안에 이루어진 하나님의 나라와 영광에 대한 갈망 | 67
Ⅱ. 영광을 갈망하는 삶의 특징 | 70
   A. 하나님의 영광을 최고의 가치로 삼음 | 70
   B. 그 일을 위해 모든 삶을 재편함 | 72
   C. 그렇지 못한 현실에 대해 아파함 | 76
     1. 영광을 갈망하는 신자의 고통 | 77
     2. 하나님으로부터 오는 이중의 위로 | 78
     3. 속기 쉬운 자신의 모습 | 83
   D. 영광의 나타남과 함께 즐거워함 | 86
     1. 슬퍼하는 자 같으나 기뻐함 | 86
     2. 자기를 위하여 살지 아니함 | 90

3. 성도의 즐거움은 하나님의 영광 | 91
4. 영광을 사모함은 곧 천국 사랑임 | 93

 4장 신자의 내적 생명과 거룩한 삶 | 97

Ⅰ. **신자의 내적 생명** | 99
　A. 하나님과 동행함의 세 요건 | 99
　B. 최초 회심의 중요성 | 101
　C. 이후 성화의 중요성 | 103
　　1. 은혜 살림 | 104
　　2. 죄 죽임 | 106
Ⅱ. **거룩한 삶과 내적 생명** | 109
　A. 거룩한 삶의 뿌리인 내적 생명 | 109
　B. 거룩한 삶의 열매로서의 도덕 | 111

 5장 내적 생명의 열매인 외적 삶 | 117

Ⅰ. **순종하는 생활 : 하나님과의 평화에서 비롯됨** | 120
Ⅱ. **헌신하는 생활 : 목표의 하나 됨에서 비롯됨** | 132

    A. 회심을 통한 삶의 동기의 변화 | 132

    B. 창조의 목적에 대한 깨달음과 소명 | 133

    C. 새로운 가치를 따라 살도록 변화시키는 방식 | 135

        1. 계명(啓明) | 135

        2. 조명(照明) | 137

        3. 감화(感化) | 139

    D. 회심의 보존과 영광의 갈망 | 142

Ⅲ. **그리스도를 닮은 인격 : 그리스도와의 친교에서 비롯됨** | 145

    A. 분리되지 않는 은혜의 작용 | 146

    B. 거룩케 하는 은혜가 작용하는 방식 | 147

        1. 새 성품이 심겨짐으로써 | 147

        2. 옛 성품을 죽임으로써 | 148

    C. 거룩한 인격을 통하여 영광 받으시는 이유 | 149

        1. 거룩한 생활을 항구화하기 때문에 | 150

        2. 하나님의 성품을 보여주기 때문에 | 151

        3. 하나님과의 친교를 촉진하기 때문에 | 153

    D. 성화의 은혜가 그리스도를 닮게 하는 원리 | 156

    E. 별처럼 등대처럼 | 158

저자 서문

신자가 이 세상에서 누릴 수 있는 최상의 축복은 하나님과 동행하는 것입니다. 그분과 동행하며 살아온 인생길은 비록 지난 일이라도 우리에게는 언제나 감동입니다. 그렇게 산 사람의 이야기를 듣는 것도 감동적이고, 그렇게 되기를 꿈꾸는 것만으로도 우리는 이 척박하고 고단한 세상, 나그네길의 설움을 잊을 수 있습니다. 이 땅에서 그분과 동행하는 삶의 마지막이 주는, 소망의 완성이 주는 위로 때문입니다.

주님과 깊이 만나고 난 후로 제 인생길에 있어서 최고의 사모함은 그분과 동행하는 것이었습니다. 어느 청교도의 고백처럼,

우리는 주님 없이 천국길을 걷는 것보다는 그분과 함께 지옥불 가운데를 지나는 것이 훨씬 행복합니다. 고단한 성화의 길은 언제나 그분과의 보다 깊은 친교로 우리를 데려가고, 그 속에서 누리는 기쁨은 그분과 동행하는 사람의 진수를 보여줍니다. 하나님과 동행하는 것도 참된 그리스도인에게서 볼 수 있는 여러 표지 중 하나입니다.

이후로 본 시리즈는 겸손, 믿음과 의존, 사랑, 경건, 예배라는 주제로 다섯 권 정도 더 출간될 예정이며, 이것은 각각 참된 그리스도인의 표지 중 하나씩을 보여줄 것입니다. 독자들은 이 책을 통해 오늘날 세속화와 간이화 속에서 잊혀져 가는 성경적인 그리스도인의 참 모습을 읽을 수 있게 될 것입니다.

이 책은 막연하게 알았던 하나님과 동행하는 삶의 실체를 보여줄 것입니다. 신학적으로 보다 깊이 있고 철저히 탐구적인 책을 쓰고 싶었으나, 그 작업은 후일로 미루고 우선 평신도들이 접하기 쉬운 글로 내놓습니다. 이 책이 나오는 기쁨을 지난 봄 새벽사경회에서 한 주간 동안 이 말씀의 일부를 나누었던 열린교회 성도들과 함께 하고 싶습니다.

끝으로 이 책이 여러분들의 마음에 조나단 에드워즈와 같은 고백을 하게 하는 도구가 되기를 기도합니다.

"이 세상에 마지막 남은 참된 성도가 꼭 한 사람뿐이라면 내가 그 사람이 되기를 위해 분투할 것이다."

2005. 5. 15.
주일 이른 아침에
그리스도의 노예 김남준

들어가는 말

하나님께 은혜를 받은 신자들에게는 그들만의 표지가 있습니다. 상황에 의해 가끔 꺾이고 좌절도 하지만, 그럼에도 불구하고 참된 신자가 되려는 끊임없는 갈망이 있습니다. 더욱이 구원받은 신자가 참된 진리의 말씀을 경험하고 은혜 아래 살아갈 때에는 더 더욱 그러합니다.

하나님께 특별한 은혜를 받은 성도들은 이미 특별한 소명을 받은 사람들입니다. 그리고 그것은 단지 열심히 믿고 부지런히 봉사하는 그 이상의 무엇에로의 부르심입니다.

참된 신자의 표지라는 주제로 진행될 이 시리즈에서 우리는 은혜 받은 자의 소명이 참된 신자가 되는 것이라는 사실을 밝히고, 성경을 통해 참된 신자의 신앙과 삶의 표지가 무엇인지를 살펴볼 것입니다. 특별히 이번 책에서는 그 첫 번째 표지로서 하나님과 동행하는 삶에 대해 살펴보도록 하겠습니다.

벚꽃이 활짝 핀 어느 봄날이었습니다. 한 아이가 엄마 아빠의 손을 잡고 꽃구경을 나왔습니다. 흐드러지게 핀 꽃들의 향연, 많은 인파에 둘러싸여 아이는 마냥 즐거웠습니다. 꽃잎은 바람에 날리고 있었고, 거리는 즐거운 볼거리들로 가득했습니다. 맛있는 과자와 신기한 장난감을 파는 가게들은 아이의 마음을 더욱 들뜨게 하기에 충분했습니다.

한 손에 달콤한 솜사탕을 들고, 또 한 손에는 은빛으로 반짝거리는 풍선을 쥐고 아이는 행복했습니다. 붐비는 거리, 넓은 풀밭, 예쁜 꽃, 신기한 동물원의 풍경들……아이는 들뜬 마음으로 호기심이 이끄는 대로 걸어갔습니다.

얼마나 시간이 지났을까? 아이에게 문득 '혼자' 라는 두려움이 엄습했습니다. 바로 곁에 있을 것이라고 믿었던 엄마 아빠가 보이지 않았던 것입니다. 이내 무서운 생각이 들었고, 그렇게 재미있던 풍경들이 모두 쓸모없는 것처럼 느껴졌습니다.

아이는 울음을 터트렸습니다. 입술이 파래지도록 떨면서 울었습니다. 길 가던 사람들이 몇 마디 말을 걸면서 달래보았지만 누구도 그 울음을 그치게 할 수는 없었습니다. 달콤한 솜사탕도, 갖고 놀던 장난감도, 신기한 동물도 아이의 울음을 그치게 할 수 없었습니다.

이 세상을 순례의 길이라고 생각하십니까? 자신은 이 세상의 나그네일 뿐임을 알고 있습니까? 순례자의 삶을 살아가는 우리에게 가장 절실하게 필요한 것은 바로 하나님과의 동행함입니다.

신자가 이 세상에서 누릴 수 있는 최고의 행복은 하나님과 동행하는 삶입니다. 이 세상을 부당하게 사랑하는 사람들, 육신의 욕심을 따라 사는 사람들은 하나님과 동행하는 삶을 갈망하지 않습니다. 그러나 슬픔과 고난이 많은 이 세상에서 하나님의 영광을 위하여 살아가고자 애쓰는 사람들은 하나님과 동행하는 삶을 전심으로 갈망합니다. 자신이 본향을 찾아가는 나그네일 뿐이라고 믿는 신자에게 하나님과 동행하는 삶 이상의 가치는 없기 때문입니다. 그들은 하나님과 동행하는 삶을 양보하면서까지 얻어야 할 만한 것은 이 세상에 아무것도 없음을 압니다.

가슴을 찢는 회개와 슬픔, 통곡과 목마름의 경험이 참된 신자의 길을 걷는 많은 이들에게 있습니다. 그리고 그 경험 속에서 그들은, 붐비는 인파 속에서 엄마 아빠를 잃고 입술이 파래지도록 울던 한 아이의 마음이 됩니다. 그 마음을 느낄 때, 우리는 우리가 하나님과 동행하는 삶을 버리고 얻은 것들이 얼마나 가치 없는 것들이었는지 비로소 깨닫게 됩니다.

여러분! 지금 여러분의 삶의 자리가 어떠하든지 필요한 것은 오직 한 가지입니다. 하나님과 동행하는 삶, 그것이야말로 우리의 가장 절실한 필요입니다.

1장

성도의 성경적 정체성

1장 | 성도의 성경적 정체성

I. 하나님과 동행한 사람, 에녹

본문이 자리하고 있는 창세기 5장은 신약성경의 마태복음 1장과 대조를 이룹니다. 마태복음 1장이 '낳고'로 이어지는 장이라면, 창세기 5장은 '죽고'로 이어지는 장이기 때문입니다.

뱀은 하와에게 하나님께서 금하신 나무의 실과를 먹으면 죽지 않고 하나님과 같아질 것이라고 유혹했지만, 그 결과는 비참한 죽음뿐이었습니다. 창세기 5장은 유혹자인 뱀의 말이 거짓이었으며, 하나님의 말씀이 참된 것이었음을 입증하고 있습니다. 따라서 이 장에는 많은 인물들의 이름이 나오고, 그들이 하나같이 모두 죽었다는 기록으로 이어집니다. 그런데 이 가운데 죽음을 보지 않고 하나님께 들려 올라간 한 사람이 있으니, 그가 바로 믿음의 사람 에녹입니다.

하나님께서는 무엇 때문에 사람들의 죽음에 관하여 기록하는 중에 죽음을 보지 않고 하늘로 들려 올라간 에녹을 예외적으로 기록하셨을까요? 자칫하면 "정녕 죽으리라."고 경고하신 하나님의 말씀의 진실성이 훼손될 수도 있을 텐데 말입니다.

이 질문에 대한 완전한 해답을 찾기는 어렵습니다. 그러나 분명한 것은 죽음을 보지 않고 하늘로 올라간 에녹의 사건이 매우 중요한 복음의 진리를 내포하고 있다는 것입니다.

첫째로, 이 사건은 보편적으로 실행되는 죽음의 심판 가운데 있을 구원의 가능성을 보여준 것입니다. 하나님과의 언약을 깨뜨리고 타락한 모든 인간에게 죽음의 형벌이 선고되었고, 그것은 모든 사람에게 실행되었습니다. 그러나 하나님께서는 에녹을 그들 가운데 예외적으로 죽음을 보지 않은 사람으로 만드심으로 구원의 가능성을 웅변적으로 보여주신 것입니다. 이것은 예수 그리스도로 말미암은 구원을 통해 인류를 보편적으로 지배하고 있는 죽음의 통치를 벗어날 가능성을 보여주신 것입니다.

둘째로, 후일에 성도들이 경험할 부활이 어떠한 것인지 미리 보여주신 것입니다. 에녹은 죽음을 보지 않고 하늘로 들려 올려졌고, 그러기 위해서는 인간인 그의 육체에 어떠한 질적인 변화가 필요했을 것입니다. 이것은 엘리야의 경우도 마찬가지입니다.[1] 그리고 이러한 육체의 변화는 예수 그리스도께서 부활하신 몸으로 천국에 오르시는 것을 통해 분명하게 증명되었습니다. 그러므로 에녹의 사건은 후일에 성도가 어떻게 부활하여 영광스러운 몸이 되고, 들림을 받을 것인지를 미리 보여주신 사건이라 할 수 있습니다.

에녹은 이처럼 죽음이 왕 노릇하는 깜깜한 구약의 시대에 매우 특별한 하나님의 은혜를 입은 사람이 되었습니다. 그런데 오늘 성경은 그 사람의 긴 생애를 간략하게 기록하고 있습니다. "에녹은 육십오 세에 므두셀라를 낳았고 므두셀라를 낳은 후 삼백 년을 하나님과 동행하며 자녀를 낳았으며 그가 삼백육십오 세를 향수하였더라 에녹이 하나님과 동행하더니 하나님이 그를 데려가시므로 세상에 있지 아니하였더라"(창 5:21-24). 이 기록에 따르면 그가 한 일이라고는 육십오 세에 므두셀라를 낳은 것 외에 아무것도 없는 것 같습니다.[2]

---

[1] "여호와께서 회리바람으로 엘리야를 하늘에 올리고자 하실 때에 엘리야가 엘리사로 더불어 길갈에서 나가더니……두 사람이 행하며 말하더니 홀연히 불수레와 불말들이 두 사람을 격하고 엘리야가 회리바람을 타고 승천하더라"(왕하 2:1, 11).

이렇듯 창세기 5장은 에녹의 모든 생애와 삶을 하나의 동사로 압축하여 표현합니다. "므두셀라를 낳은 후 삼백 년을 하나님과 동행하며 자녀를 낳았으며……에녹이 하나님과 동행하더니 하나님이 그를 데려가시므로 세상에 있지 아니하였더라"(창 5:22, 24).**3)**

참된 신자의 결정적인 표지는 하나님과 동행하는 삶입니다. 그러면 하나님과 동행하는 삶이란 무엇을 가리킬까요? 많은 사람들이 이 말의 의미를 너무 현세적이고 자기중심적으로 해석합니다. 그래서 하나님과 동행하는 사람들에게는 이 세상의 많은 복들이 주어지고, 필요할 때마다 자신의 문제를 해결해 주시는 하

---

2) 유다서에서는 에녹이 하나님의 말씀을 대언하고, 불경건한 모든 사람과 죄인들을 인하여 마음 아파하며, 하나님의 말씀을 선포한 사람으로 나타납니다. "아담의 칠세 손 에녹이 사람들에게 대하여도 예언하여 이르되 보라 주께서 그 수만의 거룩한 자와 함께 임하셨나니 이는 뭇사람을 심판하사 모든 경건치 않은 자의 경건치 않게 행한 모든 경건치 않은 일과 또 경건치 않은 죄인의 주께 거스려 한 모든 강퍅한 말을 인하여 저희를 정죄하려 하심이라 하였느니라"(유 1:14-15).

3) 우리말 개역성경에서 '동행하더니'라고 번역되어 있는 단어는 히브리어 원문으로 '와이트할레크(וַיִּתְהַלֵּךְ)'인데, 이는 '걷다', '행하다', '지나치다'(pass away), '죽다', '흐르다'(flow with)의 의미를 가진 동사 '할라크(הָלַךְ)'의 재귀형인 히트파엘 동사 남성 3인칭 단수(hithpael. impf. 3. ms)이다. 히트파엘(hithpael) 형태로 사용된 이 단어는 '거닐다(go about, 창 3:8), '오르내리다'(go up and down, 겔 1:13, 19:6), '나뉘다, 퍼지다'(part, disperse, 시 58:8), '(하나님이) 걸으시다'(레 26:12, 신 23:15) 등의 의미로 사용된다. Ludwig Koehler and Baumgartner, *The Hebrew and Aramaic Lexicon of the Old Testament*, vol.1, translated and edited under the supervision of M. E. J. Richardson in collaboration with G. J. Jongeling-Vos L. J. De Reget, (Leiden; E. J. Brill, 1994), pp.246-248.

나님을 누리는 것으로 이해하려 합니다.

하나님과 동행하는 신자에게는 하나님의 축복도 있고, 어려움 속에서 하나님의 구원을 경험하는 놀라운 은총도 있습니다. 그러나 성경에서 참된 신자의 표지로서 하나님과 동행하는 것을 말할 때에는 그 이상의 심오한 의미가 있습니다. 이제 이것을 하나씩 살펴보고자 합니다.

Ⅱ. 성경이 말하는 성도의 정체성

A. 이 세상의 순례자

성경이 신자에 대해 일관되게 말하고 있는 바는 그가 이 세상에서 순례자라는 것입니다. 순례자는 가야 할 목적지에 이르기까지 나그네를 자처하는 사람입니다.

성지를 순례하는 것은 기독교의 오랜 전통이자 하나님과 그리스도를 향한 지고의 사랑의 표현이었습니다. 고대에 성지를 순례하는 것은 쉬운 일이 아니었습니다. 육로와 해로의 위험은 물론 강도의 위험과 추위와 더위, 굶주림의 위험을 무릅써야 했습니다. 더욱이 먼 곳에서 성지를 향해 출발하는 사람일수록 그 위험이 더 컸습니다. 그럼에도 불구하고 예루살렘에는 순례자들의 발길이 끊어지지 않았습니다. 그리고 그들은 그러한 위험과 난관을 무릅쓰고 성지를 찾아 여행하는 동안 항상 나그네로 자처하였습니다.

순례의 길을 가는 나그네는 어떤 좋은 안식처와 즐거운 일을 만난다 할지라도 거기에 오래도록 머무를 수 없습니다. 가야 할 목적지가 있기 때문입니다. 성경은 신자를 가리켜 이 세상에서 나그네 된 자라고 하는데, 이것은 이미 오래된 신앙의 전통입니다. 그래서 구약의 아브라함을 비롯한 수많은 믿음의 사람들은 모두 나그네라 일컬음을 받았고, 그들도 자기 자신을 나그네라 불렀습니다. "이 사람들은 다 믿음을 따라 죽었으며 약속을 받지 못하였으되 그것들을 멀리서 보고 환영하며 또 땅에서는 외국인과 나그네로라 증거하였으니 이같이 말하는 자들은 본향 찾는 것을 나타냄이라 저희가 나온 바 본향을 생각하였더면 돌아갈 기회가 있었으려니와 저희가 이제는 더 나은 본향을 사모하니 곧 하늘에 있는 것이라 그러므로 하나님이 저희 하나님이라 일컬음 받으심을 부끄러워 아니하시고 저희를 위하여 한 성을 예비하셨느니라"(히 11:13-16). 그러므로 신자는 이 세상에 살고 있으나 세상을 사랑할 수 없는 사람입니다. 신자의 본향은 이 세상이 아니며, 이 땅의 도성은 영원하지 않기 때문입니다.

신자가 자기 안에 있는 죄를 죽이고, 세상 유혹을 뿌리치며, 은혜 받은 자로서 소명을 따라 사는 길은 세상을 사랑하지 않는 것입니다. 세상은 본질상 하나님을 떠난 곳이며, 세상 안에는 하나님을 대적하는 경향성이 강하게 흐르고, 세상의 많은 사람들은 그 조류를 따라 살아갑니다. 그래서 언제나 이 세상은 하나님의 통치가 있는 나라와 대조를 이룹니다. 세상 나라는 하나님의 통치를 거스르고, 하나님 없이 살려는 정욕으로 가득 차 있습니다. 하나님께서 신자를 이러한 세상에서 살게 하신 것은 이 땅을 고치기 위함입니다.

하나님께서는 당신이 창조하셨음에도 불구하고 창조주이신 하나님을 인정하지도, 두려워하지도 않으며, 하나님을 기뻐하지도 않는 망가진 세상을 보며 아파하십니다. 그래서 아들의 피로 구속하신 보석 같은 우리를 이 세상에 남겨 두셨습니다. 우리를 통해 망가진 세상을 고쳐 주님을 알게 하고, 하나님의 통치가 온전히 이루어져 창조주의 영광을 드러내고, 하나님의 이름을 높이는 복된 세상이 되게 하시려고 우리에게 모든 것을 주셨습니다. 자기의 사랑하는 아들과, 구속의 은혜와, 마음 안에 두신 하나님의 은혜와, 진리를 아는 지식의 찬란한 빛과, 이 땅에 사는 동안에 필요한 하늘과 이 땅의 자원들, 사랑하는 교회와 가족, 함께 섬기는 사랑하는 지체들, 우리의 생명과 시간들…….

이 모든 것들은 창조의 목적을 알게 된 구속 받은 자녀가 타향과 같은 이 세상을 사는 동안 세상을 고치는 자의 소명을 감당하게 하시기 위해 하나님께서 우리에게 주시는 것들입니다. 따라서 이러한 자원들이 아무리 많이 주어졌다 할지라도, 우리가 이 세상을 영원히 살 집인 것처럼 생각하고 살아간다면, 우리는 이 세상에 주님의 나라가 회복되게 하는, 은혜 받은 자의 소명을 감당할 수 없습니다.

그러나 우리가 얼마나 이 세상을 사랑하는지 생각해 보십시오. 나그네와 같은 인생길에서 우리가 가야할 하늘 본향이 있음에도 불구하고 오직 이 세상의 성공과 번영, 그리고 자기사랑에 목매인 자처럼 죽음의 두려움에 매여 살아갈 때가 얼마나 많습니까?

순례자의 정신이 없는 그리스도인은 '살았다' 하는 이름은 가졌으나 이미 '죽은' 자입니다. 그래서 성경은 우리에게 이렇게 말합니다. "이 세상이나 세상에 있는 것들을 사랑치 말라 누구든지 세상을 사랑하면 아버지의 사랑이 그 속에 있지 아니하니 이는 세상에 있는 모든 것이 육신의 정욕과 안목의 정욕과 이생의 자랑이니 다 아버지께로 좇아온 것이 아니요 세상으로 좇아온 것이라 이 세상도 그 정욕도 지나가되 오직 하나님의 뜻을 행하는 이는 영원히 거하느니라"(요일 2:15-17).

그러므로 신자는 이 땅에서 숨을 거두고 주님의 품에 안기는 그날까지 이 세상이 자신의 영원한 본향이 아님을 기억해야 합니다. 죄 많은 세상에서 자신은 할 일 많은 일꾼일 뿐, 이 세상에 정줄 수 없는 나그네임을 기억해야 하는 것입니다. 하나님의 부르심을 좇아 하나님의 영광을 위해 망가진 세상을 끌어안고 사랑하며 고치기를 온몸과 마음을 다해 행하지만 이 세상은 영원한 본향이 아닙니다. 잠시 지나가는 나그네의 길일 뿐입니다.

나그네는 잠시 지나는 나그네 길에서 영원히 살 것처럼 집을 짓지 않습니다. 나그네는 이 세상에서의 평판이나 세상 재물에 걸음을 지체할 정도로 얽매이지 않습니다. 시련과 환란, 고난과 박해 속에서도 순례자는 자기가 가야 할 길을 잊지 않습니다. 그 길에서 번영하는 도시 한복판에 이를지라도 그의 두 눈은 순례의 종점을 주목합니다. 그래서 안락한 잠자리와 기름진 음식을 뒤로 하고 고난과 위험이 가득 찬 순례의 길을 떠납니다. 예상치 않은 위험과 어려움이 기다린다 해도 순례자는 가던 길을 멈추지 않습니다. 그에게는 가야 할 본향이 있기 때문입니다.

아아, 오늘날 우리가 하나님께 드려야 할 그런 사랑으로 세상을 사랑할 때가 얼마나 많습니까. 죄 많은 나그네의 인생길을 마치 영원히 살 본향인 것처럼, 하늘나라가 없는 이 땅의 사람인 것처럼 그렇게 살아갈 때가 얼마나 많습니까.

세상사랑은 곧 자기사랑입니다. 빗나간 자기사랑이야말로 모든 죄와 부패의 근원이며, 그런 자기사랑으로 이 세상에서 할 수 있는 일이란 세상과 짝하여 하나님을 대적하는 것 외에 아무것도 없습니다. 성경이 신자의 정체를 이 세상의 순례자라 부르는 이유도 바로 이것 때문입니다.

그래서 존 칼빈(John Calvin)은 이렇게 말합니다. "따라서 신자가 죽을 운명의 인생임을 생각할 때, 그것은 원래 비참한 것에 불과하다는 것을 깨닫는 동시에 더욱 큰 열망으로 곧 내세의 영원한 삶을 묵상하는 데 전심전력하여야 합니다. 내세의 삶에 비하면 현재의 삶은 무시해도 무방할 뿐 아니라 완전히 멸시하며 싫어해야 합니다. 하늘이 우리의 본향이라면 땅은 나그네 길임이 틀림없지 않은가. 그러므로 우리는 더욱 건전한 견해를 가지고 육체에 속한 어리석고 맹목적인 욕망이 항거한다 할지라도 서슴지 않고 주님의 재림을 기다리며 무엇보다도 그것을 기쁜 일로 여기며 동경할 뿐 아니라 신음하고 탄식하기까지 그 날을 기다려야 합니다. 주님께서는 구속자로서 우리에게 오실 것입니다. 악하고 불행한 일이 가득한 이 끝없는 세상의 심연에서 우리를 구해 내시고 그의 생명과 영광의 복된 기업으로 우리를 이끄실 것입니다."4)

B. 하나님과 동행하는 사람

성경은 또한 그리스도인의 정체가 하나님과 동행하며 살아야 할 사람이라고 말합니다. 넓은 의미에서 구원받은 모든 사람들은 하나님께서 동행하시는 사람입니다. 왜냐하면 그 사람 안에 성령

---

4) John Calvin, *Institutes of the Christian Religion*, vol. 2, translated by Henry Beveridge, (Grand Rapids; William B. Eerdmans Publishing Company, 1981 reprinting), pp.27, 29-30. 존 칼빈(John Calvin)의 이 같은 가르침은 현세생활을 무시하거나 아무렇게나 생활해도 좋다거나 하나님께 감사하지 않아도 상관없다는 말이 아니다. 칼빈은 지상생활에 대한 진정한 감사는 내세에 대한 진실한 동경으로부터 나온다는 사실을 강조한다. 왜냐하면 내세에 대한 경건한 소망을 품은 사람만이 하나님의 은혜로 살아가는 현세에 대해 참된 만족을 누리고 하나님의 은혜에 감사할 수 있기 때문이다. "신자는 현세 생활을 중요하지 않게 생각할지라도, 그것을 혐오하거나 하나님께 감사하지 않는 일이 없도록 몸에 배어야 한다. 아무리 이 땅에서 수많은 불행이 가득할지라도 현세의 생활은 하나님이 주신 복 중에 하나라고 생각하는 것이 옳으며, 결코 이것을 경멸해서는 안 된다. 따라서 지상생활 안에 있는 하나님의 친절하심을 무시한다면 우리는 그분께 대해 조금도 감사하지 않는다는 책임을 면할 수 없게 된다." John Calvin, *Institutes of the Christian Religion*, vol. 2, translated by Henry Beveridge, (Grand Rapids; William B. Eerdmans Publishing Company, 1981 reprinting), p.27.

이 함께 하시기 때문입니다. 그러나 보다 고유한 의미에서 하나님과 동행한다는 것은 고도의 영적 삶이며 이는 신자가 이 세상에서 받을 수 있는 최고의 축복입니다.

그리스도인은 그리스도의 십자가의 은혜로 구원받은 하나님의 자녀입니다. 예전에 돌판에 새겼던 그 법을 하나님께서는 이제 당신의 백성들의 마음에 새기셨습니다. 그리고 그 은혜의 법으로 하나님의 마음에 부합하는 삶을 살게 하시고, 계시된 하나님의 말씀을 좇아 순종함으로써 죄로 말미암아 망가진 세상을 고치게 하십니다. 이 위대한 일은 하나님께서 신자를 이 세상에 살려두신 유일한 이유입니다. 이 세상에서 무엇을 누리고 어떤 지위를 얻든지, 얼마나 오래 건강을 유지하며 살든지, 그 인생이 이 목적에 기여하지 않으면 그 사람은 쓸모없는 사람입니다.

그러나 이 엄청난 소명이 우리에게 가당키나 한 것입니까? 그리스도 없이 사는 동안에는 하나님께서 왜 이 세상을 창조하셨는지도 몰랐고, 죄의 구덩이 속에 살면서 구원이 필요한지조차 몰랐습니다. 그러다 복음의 밝은 빛으로 자기의 죄를 깨닫고 그리스도의 보혈의 공로를 의지하게 되었습니다. 그래서 그 공로를 의지하여 주님의 은총을 붙잡았습니다. 감았던 눈을 뜨게 되어 하나님께서 왜 이 세상을 창조하셨고 보혈의 피로 구속하셨는지 깨닫게 되었습니다.

그러나 신자 자신에게는 그 어마어마한 부르심을 따라 살아갈 자원이 없습니다. 그래서 우리에게는 하나님께로부터 부어진 새로운 자원이 필요합니다. 하나님과 동행하는 삶은 그 자원이 말할 수 없는 기쁨이 있는 친교 속에 우리에게 부어지는 방식을 보여줍니다.

아아, 신자가 이 세상에서 누릴 수 있는 최고의 복이 무엇일까요. 잠시 머물다 지나가는 허무한 이 세상에서 이슬 같은 목숨으로 누릴 수 있는 지고의 행복이 무엇일까요. 많은 재물과 높은 지위, 다른 사람들의 자원을 빼앗는 치열한 경쟁 속에서의 커다란 승리도 신자를 행복하게 할 수 없습니다. 신자는 본래 하늘로부터 온 영혼을 지닌 피조물이기 때문입니다.

육체는 흙으로부터 지어졌으나 진정으로 사람 되게 하는 영혼은 하늘로부터 왔습니다. 그러므로 육신은 껍질일 뿐 돌아갈 그 영혼의 본향은 이 세상이 아니라 하늘나라입니다. 모든 사람들 마음 안에 하늘 곧 영원한 나라에 대한 갈망이 있기 때문에, 사람들은 이 세상의 더러운 정욕에만 매몰되는 것이 아니라 때로는 영원할 것 같은 가치를 찾기도 합니다. 문학이나 예술, 학문이나 유토피아에 대한 사랑 같은 것이 바로 그것입니다. 그러나 영원의 빛 아래서 보면 이 모든 것들도 다 지나가는 이 세상에 있는 것들입니다.

이 세상에 영원한 것은 아무것도 없습니다. 세상이라는 도성 자체가 결코 영원하지 않기 때문입니다. 이런 세상에서 인간이 누릴 수 있는 최고의 행복은 이 세상을 창조하시고 자기를 지으신 하나님과 동행하는 것입니다. 말할 수 없는 기쁨 속에 그분과 친교를 누리고, 다른 세상으로부터 오는 만족을 향유하며 소명을 따라 이 세상을 사는 것입니다.

그러기 위해서는 매우 특별하게 하나님과 동행하는 삶을 살지 않으면 안 됩니다. 하나님과 동행하며 그분의 크신 사랑을 받고, 그분의 기쁨이 되며, 그분을 기뻐하며, 그분이 우리를 이 세상에 보내실 때 살게 하고 싶으셨던 삶을 살면서 행복해 하는 것이야말로 하나님께서 신자에게 살게 하고 싶으신 삶이 아니고 무엇이겠습니까. 그런 사람이 바로 하나님께서 참으로 되게 하고 싶은 사람이 아니고 무엇이겠습니까.

하나님과 동행하는 사람은 비록 이 세상에서 가장 작을지라도 큰사람이며, 비록 이 땅에서 하나님의 나라의 회복을 위해 하잘 것 없어 보이는 일을 거들고 있다 할지라도 하늘나라에서 그의 존재에 대한 평가는 이 세상 사람들의 평가와 같지 않을 것입니다. 그는 주의 눈에 보시기에 큰사람임에 틀림이 없습니다. 왜냐하면 그는 하나님과 동행하는 사람이기 때문입니다.

부귀와 가난함, 높은 지위와 낮은 지위, 긴 수명을 누리는 것과 요절하는 것, 많은 지식을 소유하는 것과 그렇지 못하는 것, 뛰어난 재능을 가진 것과 그렇지 못한 것, 이 모든 것들은 잠시 지나는 세상을 살아가는 수많은 인생의 한 양태에 지나지 않습니다. 하나님 앞에서 구원받은 신자의 존재의 참된 가치는 그런 것들을 소유했는지 그렇지 않은지에 달려 있지 않습니다. 신자가 무엇을 하든지, 그는 죄 많은 이 세상에서 나그네의 길을 가는 사람입니다. 그러므로 우리는 인생의 참된 가치를 삶의 양태에서 찾지 말고 하나님과의 관계에서 발견하는 사람들이 되어야 합니다.

하나님과 동행하는 한 사람, 그는 비록 이 세상에서 하찮은 자일지라도 하늘나라에서는 존귀한 자이며, 하나님의 사랑을 받는 자이며, 하나님께서 하실 수 있는 모든 것을 할 수 있는 사람입니다. 그는 약하나 그와 동행하고 계신 하나님께서는 크시기 때문입니다.

아아, 구름 같은 인생의 날들 중 얼마나 많은 시간을 헛되고 어리석은 일을 위해 허비하는지 생각해 보십시오. 양식 아닌 것을 위하여 은을 달아주며, 마셔도 해갈할 수 없는 물을 위하여 금을

퍼줍니다. 그러나 이 모든 것은 잠시 지나는 나그네의 길에서 미혹에 빠진 과객의 객기에 지나지 않습니다. 그러므로 우리는 하나님께서 동행하시는 삶의 축복이 무엇인지를 배워야 합니다. 그리고 실제로 어떻게 믿고, 어떻게 살며, 어떻게 소망을 품는 것이 하나님과 동행하는 참된 신자의 축복인지 느끼는 사람들이 되어야 합니다.

이 두 가지는 나눠지는 것이 아닙니다. 자신을 이 땅에서 잠시 지나는 순례자로 자처하지 않는 사람이 하나님과 동행할 수 없고, 하나님과 동행하며 사는 참된 신자가 부당하게 하나님보다 이 세상을 더 사랑할 수 없습니다. 이 세상이 모든 것을 다 준다 할지라도 하나님의 사랑과 바꿀 수 없고, 이 세상의 자원들이 가져다주는 행복감이 아무리 크다 할지라도 좋으신 주님과 동행하며 사는 동안 누리는 그 신적인 달콤함과는 비교할 수 없기 때문입니다. 이 땅에서 영원한 나그네로 자처하며 살고 하나님과 동행해야 할 사람, 이것이 바로 그리스도인의 정체입니다.

2장

하나님과 동행하는 표지 1

: 하나님과 평화를 누림

2장 | 하나님과 동행하는 표지 1
: 하나님과 평화를 누림

참된 신자의 결정적인 표지가 하나님과 동행하는 것이라면, '하나님과 동행한다'는 것은 무엇을 의미하는 것일까요? 우리는 이것을 두 가지로 나누어서 생각해 볼 수 있습니다. 소극적으로는 하나님과의 평화의 상태를 누리며 사는 것이고, 적극적으로는 하나님의 영광을 갈망하며 사는 것입니다.

Ⅰ. 이중의 평화

첫째로, 신자가 하나님과 동행한다는 의미의 핵심은 하나님과 평화를 누리는 것입니다. 이 평화는 하나님과 자신 사이의 막힘이 없는 친교의 상태를 의미하는 것입니다. 뜻이 같은 두 사람이 함께 길을 가는 것과 같습니다. 그래서 성경은 말합니다. "두 사람이 의합지 못하고야 어찌 동행하겠으며"(암 3:3).

성경은 하나님과의 평화에 대하여 이중의 평화를 말합니다. 원리적인 평화와 실제적인 평화가 그것입니다.

A. 원리적인 평화

첫째로 원리적인 평화입니다. 원리적으로 모든 성도는 그리스도로 말미암아 하나님과 평화를 누리게 된 사람입니다. 그래서 성경은 이렇게 말합니다. "이제는 전에 멀리 있던 너희가 그리스도 예수 안에서 그리스도의 피로 가까워졌느니라 그는 우리의 화평이신지라 둘로 하나를 만드사 중간에 막힌 담을 허시고 원수 된 것 곧 의문에 속한 계명의 율법을 자기 육체로 폐하셨으니 이는 이 둘로 자기의 안에서 한 새 사람을 지어 화평하게 하시고 또 십자가로 이 둘을 한 몸으로 하나님과 화목하게 하려 하심이라 원수 된 것을 십자가로 소멸하시고 또 오셔서 먼데 있는 너희에게 평안을 전하고 가까운데 있는 자들에게 평안을 전하셨으니 이는 저로 말미암아 우리 둘이 한 성령 안에서 아버지께 나아감을 얻게 하려 하심이라"(엡 2:13-18).**5)**

하나님과 성도 사이의 원리적인 평화는 공로적으로는 그리스도의 중보자적인 구속에 의하여, 효과적으로는 성령의 역사에 의하여, 적용적으로는 신자의 믿음을 통하여 수립되었습니다. 그리고 이 평화는 결코 깨어지지 않습니다.

하나님께서는 신자가 성도답게 살지 못할 때에든지 진실하고 아름다운 헌신의 삶을 살 때에든지, 적의와 진노의 담을 허무시고 신자와 평화로운 관계 안에 계십니다. 따라서 신자가 하나님을 싫어하고 멀리 떠났을 때에도, 엄밀한 의미에서 말하면 하나님과의 관계가 불화하게 된 것이 아니라 소원(alienation) 하게 된 것입니다. 구원받고 하나님과의 평화 속으로 들어오게 된 후, 죄인을 향한 하나님의 적의가 사라졌기 때문입니다.**6)**

---

5) 이 평화는 결코 파기되지 않으며, 그런 점에서 하나님과 인간 사이에는 불화가 존재할 수 없다. 누가복음 15장에 나오는 탕자의 비유를 생각해 보라. 아들은 아버지를 멀리 떠나 불순종의 길을 갔지만, 그것 때문에 아버지와 아들 사이에 불화가 생겼다고 할 수 없지 않은가. 아버지는 아들이 돌아오기까지 동구 밖에서 기다리는데, 여기서 우리는 아버지 안에 아들을 향한 어떠한 불화도 읽을 수 없다. 이 성경 기사는 오히려 어머니 같은 아버지의 마음을 보여 준다. 문제가 된 것은 아들 안에 있는 아버지를 싫어하는 마음이었다. 원리적으로는 평화가 존재하는데, 실제적으로는 그가 불순종함으로 아버지와의 사랑을 느낄 수 없는 상태가 된 것이다. "이에 일어나서 아버지께로 돌아가니라 아직도 상거가 먼데 아버지가 저를 보고 측은히 여겨 달려가 목을 안고 입을 맞추니"(눅 15:20).

더욱이 이러한 원리적인 평화의 불변함은 하나님의 진실하신 성품과 언약관계에 충실하신 신실하심에 의하여 보증됩니다.7)

B. 실제적인 평화

둘째로, 실제적인 평화입니다. 모든 신자가 원리적으로 하나님과 평화를 누리고 있다 할지라도, 실제적으로는 신자 안에 있는 죄와 불순종으로 말미암아 하나님과의 평화가 깨어질 수 있습니다. 마치 그리스도 예수 안에 있는 자들에게는 결코 정죄함이 없

---

6) 그렇다고 해서 하나님께서 하나님을 떠나 불순종하는 인간을 방치하신다는 뜻은 아니다. 비록 불순종하는 신자와 하나님 사이에 원리적인 평화가 존재하지만, 그들을 올바르고 쓸모 있는 당신의 자녀로 기르시기 위하여 하나님께서는 그들을 징계하고 훈련하신다. 하지만 또한 그렇게 징계를 받고 훈련을 받는다는 사실 자체가 하나님의 사랑을 받는 평화의 관계에 있음을 보여 주는 것이다. "너희가 참음은 징계를 받기 위함이라 하나님이 아들과 같이 너희를 대우하시나니 어찌 아비가 징계하지 않는 아들이 있으리요 징계는 다 받는 것이거늘 너희에게 없으면 사생자요 참 아들이 아니니라 또 우리 육체의 아버지가 우리를 징계하여도 공경하였거든 하물며 모든 영의 아버지께 더욱 복종하여 살려 하지 않겠느냐 저희는 잠시 자기의 뜻대로 우리를 징계하였거니와 오직 하나님은 우리의 유익을 위하여 그의 거룩하심에 참예케 하시느니라"(히 12:7-10).

7) "그런즉 너는 알라 오직 네 하나님 여호와는 하나님이시요 신실하신 하나님이시라 그를 사랑하고 그 계명을 지키는 자에게는 천 대까지 그 언약을 이행하시며 인애를 베푸시되"(신 7:9). "이스라엘의 구속자, 이스라엘의 거룩한 자이신 여호와께서 사람에게 멸시를 당하는 자, 백성에게 미움을 받는 자, 관원들에게 종이 된 자에게 이같이 이르시되 너를 보고 열왕이 일어서며 방백들이 경배하리니 이는 너를 택한 바 신실한 나 여호와 이스라엘의 거룩한 자를 인함이니라"(사 49:7). "에브라임은 거짓으로, 이스라엘 족속은 궤휼로 나를 에워쌌고 유다는 하나님 곧 신실하시고 거룩하신 자에게 대하여 정함이 없도다"(호 11:12).

으나, 하나님께 불순종하는 삶을 살게 될 때 양심의 송사와 율법의 정죄를 경험하듯이. 그리고 신자의 불순종과 죄로 인해 깨어진 하나님과의 평화는 참회를 통해 하나님의 용서를 경험함으로 다시 회복됩니다.

누구든 하나님의 사랑을 아는 자는 모두 이러한 하나님의 용서를 경험함으로 그분의 사랑을 아는 것입니다. 그러므로 한 신자가 깨닫게 된 하나님을 향한 사랑의 깊이는 곧 하나님의 용서를 경험한 은혜의 깊이라고 말할 수 있습니다.

그래서 저는 하나님과의 평화를 누리고 있는 신자들에게 말하고 싶습니다. 여러분이 누리는 하나님과의 평화는 신자의 말할 수 없이 큰 행복이며, 무엇을 주고도 얻을 수 없는 것이니 그 화목을 잃지 마십시오. 하나님과의 화목이 깨어져, 가혹하리만치 길고 추운 날, 영혼의 어두운 밤을 고통 속에 지내본 사람들은 하나님과의 평화가 이 세상 무엇을 주고도 바꿀 수 없는 소중한 것임을 압니다.

그러므로 그 평화를 굳세게 지키십시오. 하나님과의 아름다운 평화보다 중요한 것은 아무것도 없는 것처럼 행동하며 사십시오. 누군가 이 세상의 모든 것을 다 줄 터이니 하나님과의 화목을 깨뜨리라고 유혹할 때, 예수 그리스도처럼 담대하게 물리치십시오.

썩을 세상이 줄 수 있는 것은 썩어질 것들밖에 없지만, 하나님께서는 영원한 생명이시기 때문입니다. 하나님과의 화목은 바로 그 생명 안에서 그것을 누리며 사는 것이기 때문입니다.

저는 또한 하나님과의 화목을 잃어버린 사람들에게 이렇게 말하고 싶습니다. 여러분이 하나님과의 화목을 잃어버린 것은 너무나 유감스러운 일이고, 그런 일은 일어나지 말아야 했습니다. 그러나 이미 그 일이 일어났다면, 그것이 마지막인 것처럼 낙심하지 마십시오. 하나님께서는 죄인을 질책하시고 의인을 사랑하시나, 자기의 사랑하는 자녀들을 영원히 버리지 않는 분이시기 때문입니다.

성경을 보십시오. 하나님의 위대한 사랑을 알았던 수많은 위인들도 언젠가 한번쯤 하나님과의 화목을 상실했던 사람들입니다. 하나님께서 떠나신 것이 아니라 그들이 썩어질 세상에 대한 사랑과 부당한 자기 욕심 때문에 하나님과의 평화를 배신했던 것입니다.

그럼에도 불구하고 하나님께서는 그들이 하나님을 버렸던 것처럼 그들을 대하지 않으셨습니다. 오래 참고 기다리시며 그들을 부르시고, 그들을 위해 아파하셨습니다. 그래서 하나님의 사랑은 어머니 같은 아버지의 사랑입니다. 죄인들을 부르시되 가치 없는 자를 부르시고, 그들을 용서하시되 한없는 자비로 용서하셔서 당신의 자녀로 삼으십니다. 세상에서 손가락질 받던 더러운 인간들의 아버지라 일컬음을 받으시는 것을 조금도 부끄러워 아니하시고 용납해 주시는 분입니다.

아아, 우리는 얼마나 어리석은 사람들입니까. 이러한 목메는 하나님의 사랑을 버리고 얻을 수 있는 것이 무엇이기에 우리는 그토록 자주 하나님의 마음을 아프게 하며, 그리스도께서 십자가의 피로 이루신 아름다운 화목을 깨뜨리는 것일까요.

때로는 세상에 대한 끊을 수 없는 사랑 때문에 그리스도를 다시 십자가에 못 박진 않습니까? 주께서는 우리의 죄 때문에 십자가에 못 박히시고 살을 찢으셨는데, 우리는 죄에 대한 사랑 때문에 주님을 배신할 때가 얼마나 많습니까? 입술로는 그분의 십자가를 말하고, 삶으로는 십자가의 사랑을 배신하기를 서슴지 않는 삶을 살 때가 얼마나 많습니까? 그래서 하나님과의 평안은 깨지고, 하나님과 거리감을 느끼며, 하나님과 동행하는 삶에서 마땅히 맛보며 살아야 하는 친교에 낯설어 할 때가 얼마나 많습니까?

아아, 우리의 인생은 얼마나 짧은 인생입니까. 주님께서 우리를 위해 하나뿐인 아들을 내어 주시기까지 사랑하신 것처럼 우리도 하나님을 사랑하며 그분의 품안에서 살 수는 없을까요. 그렇게 주님을 섬기며 이 땅을 고치는 것을 가장 큰 행복으로 여기며 살 수는 없을까요. 어떻게 하면 우리 안에 있는 부당한 죄의 욕심을 거절하고, 순결하고 올곧은 헌신으로 일평생 참된 신자의 길을 걸어갈 수 있을까요.

그리스도의 사랑으로 구원 얻었음에도 불구하고, 여전히 세상을 친근히 여기고 주님을 낯설어 하는 신자들이 얼마나 많습니까. 그런 삶은 우리를 위해 십자가에 못 박히신 그리스도를 현저히 욕보이는 것이며, 눈물로 참고 기다리시는 어머니 같은 하나님 아버지의 사랑을 배신하는 것입니다.

아아, 우리 인간은 어찌 그리 어리석은지요. 그렇게 소중한 하나님과의 평화를 잃어버리고, 그것을 팔아서 얻을 수 있는 것이 무엇이기에 우리는 그렇게 쉽게 하나님을 버리고 은혜에서 멀어지기를 마다하지 않는 것일까요. 이는 모두 어리석은 짓입니다. 세상도 지나가고 정욕도 지나갈 때, 우리 앞에 남은 한 길은 오직 예수 그리스도뿐임을 기억해야 합니다.

그러면 하나님과의 평화는 어떻게 오며, 어떻게 유지되는 것일까요?

Ⅱ. 하나님과의 평화가 수립되는 방식

A. 공로적으로 : 그리스도의 중보사역을 통해

첫째로, 공로적인 면에서 하나님과의 평화는 그리스도의 중보사역을 인하여 옵니다. 인간은 본래 하나님과 원수 된 자로 이 세상에 태어났고, 하나님을 향한 치열한 적대감이 영혼 깊은 곳에 속속들이 배어 있습니다. 이것이 하나님 없이 살아가던 우리의 옛 모습입니다. 그러나 그런 우리들을 위해 그리스도께서 십자가에서 죽으셨고, 중보자의 구속으로 인하여 우리는 하나님과의 평화를 누리게 된 것입니다.

우리가 보탠 것은 아무것도 없습니다. 오직 희망 없는 죄인들을 불쌍히 여기시는 하나님의 크신 사랑으로, 그리스도께서 당신의 몸을 저주받은 십자가에 바치셨기에 우리가 하나님과 평화를 누리게 된 것입니다. 그러므로 하나님과의 평화를 잃어버릴 때에는, 우리를 하나님과 화목케 하시려고 고결한 생명을 주신 예수 그리스도께 제일 먼저 용서를 빌어야 합니다.

그리고 우리가 하나님과 평화를 누리며 살아가고 있다면, 그 모든 영광을 하나님과 그리스도께 돌리고 특별히 그리스도의 공로를 찬송해야 합니다. 그래서 사람의 사랑을 받는 사람은 교만할 수 있어도, 예수 그리스도의 사랑을 받는 사람은 교만할 수 없습니다. 그들에게는 자신의 죄로 말미암아 생명을 버리신 예수 그리스도의 공로에 대한 인식이 있기 때문입니다.

기독교 신앙은 아무렇게나 살아가던 한 사람이 어느 날 자기 죄 때문에 단절된 하나님과의 관계를 다시 화목케 하기 위해 십자가에서 죽으신 그리스도의 가슴 저미는 사랑 앞에 무릎을 꿇고, 미어지는 아픔을 느끼는 것으로 시작됩니다.

아아, 오늘 우리 시대에는 이러한 사랑을 느껴보지도 못하고 하나님과의 화목을 말하며, 구원을 말하는 사람들이 얼마나 많습니까. 자신에게는 하나님과의 화목을 누릴 만한 아무 공로가 없다는 사실을 알고, 화목의 회복을 위해 스스로를 형벌 가운데 가두셨던 그리스도의 공로를 생각하며, 주님께 한없이 송구스러워 하는 신자들이 얼마나 될까요.

아아, 오늘날 우리는 얼마나 냉랭한 사람들로 이 세상을 살아가고 있습니까. 이 배교적인 냉담함의 시대에 누가 하나님과의 화목의 진수를 보여주고, 우리로 말미암는 그분의 기쁨과 그분으로 말미암는 우리의 기쁨을 보여줄까요.

B. 유효적으로 : 성령의 역사를 통해

둘째로, 하나님과의 평화는 성령의 유효한 역사로 말미암아 하나님과 신자 사이에 수립됩니다. 성령께서는 그리스도의 공로를 기초로 신자의 마음 가운데 유효하게 역사하심으로 하나님과의 평화를 이루십니다.

먼저 죄인의 마음속에 말씀의 빛을 비추어 각성케 하심으로 하나님과의 화목을 거스른 죄와 죄의 비참한 결과를 자신 안팎에서 보게 하십니다. 이러한 조명의 작용을 통해 죄인은 하나님과의 평화 없이 살아가는 비참함의 궁극적인 원인이 바로 자신의 죄 때문이었다는 사실을 깨닫게 됩니다. 이것은 초자연적이고 신적이며 영적인 빛이 그의 온 지성과 마음, 영혼 안에 비치는 것입니다.

그렇게 하심으로써 성령께서는 죄인을 설복하셔서 창조주 하나님을 대적하며 살았던 많은 죄를 회개하게 하십니다. 이렇게 죄에 대해 깊이 자각하게 하고, 죄책감을 느끼며 하나님 앞에 은총을 구하게 하는 일이 성령께서 죄인을 하나님과 화목하게 하기 위해 하시는 일입니다. 성령께서는 이렇게 역사하심으로 죄인들의 마음에 있었던 죄에 대한 뼛속 깊은 사랑을 버리게 하시고, 그 죄가 지향하던 예전의 악한 삶을 미워하게 하시는데, 이는 성령의 역사로 말미암아 그 영혼 안에 본질적인 변화가 일어났다는 것을 보여주는 증거입니다. 그러므로 죄인들의 유일한 희망은 하나님의 말씀을 통해 자신의 죄를 깨닫고 충심으로 참회하는 것입니다.

C. 적용적으로 : 신자의 믿음을 통해

셋째로, 적용의 측면에서 하나님과의 평화는 신자의 믿음을 통해서 옵니다. 하나님과의 평화는 성령의 역사를 통해, 죄인이 하나님의 살아계심과 그분과의 평화를 회복해야 할 필요를 자각하는 데서 출발합니다.

이 때에 죄인은 하나님을 떠난 자신의 비참한 상태의 원인이 하나님과의 평화가 깨뜨려진 데 있다는 사실을 깨닫습니다. 그리고 자신 안에는 그렇게 깨어진 관계를 복구할 수 있는 자원이 아무것도 없다는 사실을 자각하게 됩니다.

이 때 죄인은 자기 밖에서 오는 하나님의 도움을 갈망하게 되고, 이러한 갈망은 자기와 같은 죄인을 용서하시고 다시 화목한

관계로 들어오게 하시겠다는 하나님의 약속을 붙드는 믿음으로 나타납니다. 그리고 하나님의 그 약속은 자신의 죄와 비참함을 자각한 죄인에게는 유일한 희망입니다. 이 모든 일을 이루시는 분은 성령이시지만, 또한 신자는 믿음으로써 이러한 성령의 역사를 자신에게 적용하여 하나님과의 평화에 이르게 됩니다.

하나님께서 흉악한 죄인들에게 다시 화목을 허락하시는 이 신비한 복음의 방식을 보십시오. 아무 공로 없는 죄인들을 위해 십자가에 못 박히신 그리스도의 공로로 말미암아 그들에게 평화를 주십니다. 자기의 힘으로 하나님께 나아갈 수 없는, 전적으로 부패하고 무능한 죄인들을 도우시는 성령의 은혜로써 죄인들은 다시 하나님과의 화목으로 부름을 받습니다. 그러한 죄인들에게 다시 화목의 약속을 주심으로 그 약속이 그들의 희망이 되게 하시는 분이 하나님이십니다. 인간은 단지 그러한 하나님의 약속을 붙들고 의지할 뿐입니다.

아아, 우리같이 쓸모없는 죄인들을 부르시는 하나님의 화목케 하시는 사랑을 보십시오. 우리가 도대체 무엇입니까. 우리가 하나님을 거스르고 그분과 원수 된 채 불순종 가운데 산다 해서 하나님께 부족한 것이 무엇입니까. 그분은 스스로 계시며 자족하시고 홀로 충만하신 하나님이십니다. 그럼에도 불구하고 하나님께서는 지금도 끊임없이 가까운 데 있는 죄인들뿐만 아니라, 먼 데 있는 죄인들에게도 화목케 하시겠다는 약속을 베푸십니다. 이것이 바로 하나님의 사랑이 아니고 무엇이겠습니까. 하나님과 화목하게 된 모든 죄인들에게 하나님과 우리 주 예수 그리스도와 성령이, 영원한 찬송제목이 되어야 하는 이유가 바로 여기에 있습니다.

하나님과의 평화가 수립되는 이러한 방식은 최초의 회심에만 해당하는 것이 아니라, 구원 받은 이후 성화의 도상에서 하나님과의 평화를 잃어버렸던 신자가 다시 평화를 회복하는 관계에 들어가는 데 있어서도 그대로 적용됩니다.

Ⅲ. 하나님과의 평화의 회복과 유지

A. 평화의 깨어짐 : 불순종과 죄

그러면 최초의 회심을 통해 수립된 하나님과의 평화가 실제적인 면에 있어서 깨어지는 것은 무엇 때문일까요? 그것은 바로 불순종과 죄 때문입니다. 이에 대하여 성경은 말합니다. "여호와의 손이 짧아 구원치 못하심도 아니요 귀가 둔하여 듣지 못하심도 아니라 오직 너희 죄악이 너희와 너희 하나님 사이를 내었고 너희 죄가 그 얼굴을 가리워서 너희를 듣지 않으시게 함이니"(사 59:1-2).

하나님과 신자 사이의 평화는 언약관계를 기초로 주어지는 특별한 은총입니다. 그리고 그 언약관계 안에서 언약의 당사자인 인간은 하나님께 대한 의무를 갖습니다. 은혜언약 안에서 신자가 하나님께 대하여 갖는 의무는 꾸밈없는 진실함으로 그분을 사랑하고, 그분께 붙어 있으며, 말씀을 따라 언약 생활에 충실한 것입니다.

언약관계로 부름을 받은 하나님의 자녀라 할지라도, 그 관계 안에서 주어진 의무를 다하기 위해서는 자신의 힘이 아니라 공급되는 은혜에 의존해야 합니다. 그리고 그러한 의존의 마음은 이 세상을 살아가는 동안 신자가 하나님을 갈망하게 만듭니다. 여기에서 요구되는 것이 믿음 안에서 순종과 사랑의 삶을 사는 것입니다.

하나님께서는 순종과 사랑으로 은혜의 방편에 나아오는 모든 신자들에게 죄와 유혹, 시련과 고통을 이기고 하나님의 언약 백성답게 살아갈 수 있는 은혜의 자원들을 공급해 주십니다. 하나님께서는 인간의 순종을 초월하여 죄와 유혹을 이기는 능력의 공급을 약속하지 않으셨습니다. 오직 언약관계에서 주어진 의무를 이행하기 위하여 순종하는 사람들에게 신령한 은혜와 능력을 공급해 주심으로써 죄와 유혹이 많은 이 세상에서 하나님의 영광을 위하여 올곧은 헌신의 삶을 살아가게 해주시는 것입니다.

B. 평화의 회복 : 참회와 용서

하나님께서는 이러한 구원의 은혜를 통해 죄인인 우리로 하나님과 화목하게 하십니다. 그리고 이렇게 이루신 화목을 하나님 편에서 깨뜨리시는 법이 없습니다. 주님은 영원하시며 언제나 신실하신 분이시기에, 한번 불쌍히 여겨 구원하심으로 당신과의 화목의 관계로 부르신 불쌍한 죄인들을 버리지 않으십니다. 그들의 상태가 어떠하든, 죄와 불결이 어떠하든 하나님께 그들은 자녀일 뿐입니다. 그래서 시인은 노래하였습니다. "내 부모는 나를 버렸으나 여호와는 나를 영접하시리이다"(시 27:10).

하나님과의 평화가 깨어지는 유일한 원인은 신자의 불순종입니다. 신자 안에 있는 죄의 경향성이 하나님을 대적하는 마음이라면, 불순종은 신자의 마음과 삶에서 이러한 적대감이 구체적으로 나타난 것입니다. 하나님과 누리는 실제적인 평화는 인간이 범죄하고 불순종의 길로 나아갈 때 깨뜨려집니다.

하나님과의 화목을 잃어버리고, 하나님과의 평화에서 오는 친교의 즐거움들을 상실할 때, 신자는 하나님께 무한한 거리감과 낯섦을 느낄 수 있습니다. 이렇게 될 때 신자는 전심으로 하나님을 사랑하고 순종하며 그분이 창조하신 목적 안에 인생의 계획을 복종시키며 살아갈 수 없습니다.

그러므로 하나님과의 실제적인 화목이 깨어진 신자는 마치 날개 부러진 새와 같습니다. 창공을 차고 올라 하늘을 날도록 지음 받았음에도 불구하고, 날개가 꺾여 길바닥에 절름거리며 걸어 다녀야 하는 처지가 된 것입니다. 하나님과의 화목을 잃어버린 신자의 삶이 이와 같습니다.

불순종과 많은 죄악들이 어디에서 옵니까? 그것은 자신을 이 세상에 잠시 있다 사라질 한 사람의 순례자로 생각하며 살아가지 않는 데서 옵니다. 자신의 분수를 잊고 부당한 자기사랑에 빠져 세상사랑으로 돌아감으로써 하나님과의 평안은 파기되고, 실제 삶에 있어서 영적 생명력과 활기를 상실하게 됩니다. 이것이 얼마나 어리석은 짓인지 생각해 보십시오. 쓰레기 같은 세상의 즐거움을 위해 하나님의 크신 사랑을 버리고 아름다운 화목의 관계를 깨뜨리다니 말입니다.

아아, 우리 모두가 말할 수 없이 은혜로우신 하나님과 평화를 누리고, 그리스도와 함께 하며, 성령과 동행할 수 있다면 얼마나 좋을까요. 이 땅에 사는 날 동안 자신의 보람을 위해 살지 않고, 망가진 이 세상을 고치는 신자의 지고한 사명에 헌신할 때 하나님께서 그 사람을 얼마나 사랑하시고 기뻐하실까요. 이렇게 순종의 삶을 사는 사람들에게는 하나님과의 관계의 단절이 있을 수 없습니다.

그러므로 하나님과의 평화를 누리기를 사모하는 모든 사람은 주님을 의지하며 주님의 약속을 붙들어야 합니다. 무엇보다도 순종하기를 힘쓰고, 아주 작은 부분이라도 하나님과의 화목을 깨뜨리는 것이 있다면, 많은 재물을 잃는 것보다 그것을 더 마음 아파하는 신령한 소심함이 필요합니다.

C. 평화의 유지 : 순종과 사랑

하나님과의 평화를 유지하기 위해서는 신자의 내면세계에서 우러나오는 진실하고 꾸밈이 없는 순종이 필요합니다. 실로 누구도 이러한 순종이 없이는 하나님과의 평화를 유지할 수 없습니다.

하나님의 은혜와 사랑을 많이 받은 신자는 마치 바람 부는 벌판에 서 있는 한 송이 꽃과 같습니다. 아름답지만 연약한 한 송이 꽃을 광야의 모진 바람과 해충이 그냥 두지 않는 것처럼, 하나님의 은혜와 사랑을 많이 받은 신자는 이 세상의 미움을 받습니다. 이 세상은 근본적으로 하나님을 싫어하기 때문입니다. 하나님을 향한 세상의 적대감은 하나님께 속한 신자들에게까지 미칩니다. 그래서 세상은 그들을 박해하거나 끊임없이 유혹하여 죄에 빠져 불순종하게 만듭니다. 하나님과의 평화를 잃어버리고 세상과 동화되어 가도록 말입니다.

세상뿐 아니라 신자 안에 남아 있는 죄의 경향성도 그가 하나님과 화목하고 평화를 누리는 것을 죽도록 싫어합니다. 신자 안에 잔존하는 세상의 유혹과 손잡고, 신자로 죄 많은 세상을 사랑하고, 거기서 얻는 즐거움 때문에 좋으신 하나님을 배반하도록 온 힘을 다해 애씁니다. 신자가 은혜의 힘 아래 있을 때에는 자기의 때를 기다리고, 은혜에서 멀어졌을 때에는 정욕으로 역사함으로 힘을 키워 하나님께 담대히 불순종하게 합니다.

그런데 이 모든 일들은 신자의 순종을 통해 일어납니다. 신자가 죄에 순종하지 않는다면 그는 결코 하나님과의 평화를 잃어버릴 수 없습니다. 환란이나 위험, 핍박이나 칼, 죽음의 위협도 신자를 그리스도 예수 안에 있는 하나님의 사랑에서 떼어놓을 수가 없기 때문입니다.

아, 하나님의 이 놀라운 사랑 안에서 화목의 연합을 누리며 살아가는 신자들은 얼마나 행복할까요. 그 사랑과 빛 아래 살면서, 하나님을 즐거워하고 그분의 이름을 높이며 교제의 기쁨 속에 사는 신자들은 얼마나 복된 사람들일까요. 그러므로 우리는 모두 하나님과 누리는 화목을 잠시 사라질 이 세상에서의 즐거움과 바꾸는 어리석은 자가 되지 말아야 합니다.

막무가내로 살기에는 짧고, 잘 살기에는 너무 긴 우리네 인생입니다. 한번 싸워서 이긴 것이 영원한 승리일 수 없고, 한번 하나님과의 평화를 잃어버린 것이 영원한 실패일 수 없습니다. 그래서 우리는 하나님과의 평화를 잃어버렸을 때, 불순종의 날들을 회개하고 주님께로 돌아와야 합니다. 하나님을 멀리 떠나 그분과의 평화를 잃어버린 희망 없는 죄인에게 이것 말고 할 수 있는 일은 아무것도 없습니다.

Ⅳ. 하나님과의 평화의 진수 : 기쁨

신자가 하나님과의 평화를 누린다고 할 때, 그 핵심은 하나님과 연합된 마음의 상태에서 오는 내적인 평화입니다. 이러한 평화를 소유하게 될 때, 신자는 이 세상에서 만나는 환란과 시련, 유혹을 이기며 올곧은 자세로 순례의 길을 가게 됩니다. 물론 하나님께서는 당신과 평화를 누리며 내적인 평화 안에 사는 사람들에게 외적인 삶의 평화도 주십니다.

그래서 히브리 사람들의 사유에 있어서 평화, 곧 '샬롬'은 이 모든 것을 포괄하는 단어입니다. 즉, 하나님과의 평화로 말미암은 내적 평강의 상태와 거기에서 비롯된 외적인 삶의 강령(康寧)한 상태입니다. 하나님의 은혜와, 죄는 인간의 존재와 삶에 대해 전 포괄적인 영향을 끼친다는 사실에 비추어볼 때, 하나님과의 평화가 인간의 내적 평화만을 가리키는 것이 아니라 외적인 모든 삶을 포괄한다는 것은 자연스러운 귀결입니다.

그러나 우선적으로는 신자의 내면세계가 하나님과의 화목으로 말미암아 평강을 누리는 것입니다. 신자는 하나님과의 이러한 평화의 관계에서 많은 유익을 누립니다. 그러나 그 모든 것들 중에 하나님과의 평화의 진수는 기쁨의 경험이라 할 수 있습니다.

언약관계 안에서 하나님과 평화를 누리며 사는 신자가 경험하는 기쁨은 크게 두 가지로 구분됩니다. 첫째는 신자에 대한 하나님의 기쁨이고, 둘째는 하나님께 대한 신자의 기쁨입니다. 그리고 이것은 각각 은총과 감사로 나타납니다.

A. 신자에 대한 하나님의 기쁨

첫째는 신자에 대한 하나님의 기쁨입니다. 하나님과 동행하는 것은 하나님과 말할 수 없는 평화를 누리는 것입니다. 그 평화의 진수는 신자에 대한 하나님의 기쁨입니다. 성경은 여러 곳에서 하나님께서 자기 백성들을 기뻐하신다고 말합니다.[8]

하나님과의 평화는 이 세상에서 말하는 평화와 같지 않습니다. 이 세상에서의 평화는 전쟁이 없는 상태를 의미합니다. 그러나 하나님과의 관계에 있어서 평화는 그보다 훨씬 적극적인 의미를 가지고 있습니다. 그것은 하나님과의 불화가 해소된 상태가 아니라

---

[8] "내가 기쁨으로 그들에게 복을 주되 정녕히 나의 마음과 정신을 다하여 그들을 이 땅에 심으리라"(렘 32:41). "너의 하나님 여호와가 너의 가운데 계시니 그는 구원을 베푸실 전능자시라 그가 너로 인하여 기쁨을 이기지 못하여 하시며 너를 잠잠히 사랑하시며 너로 인하여 즐거이 부르며 기뻐하시리라 하리라"(습 3:17).

하나님께서 신자를 매우 기뻐하시고, 신자 역시 하나님을 기뻐하며 살아가는 상태입니다. 그래서 성경은 여러 곳에서 하나님을 기뻐하라고 말합니다. "또 여호와를 기뻐하라 저가 네 마음의 소원을 이루어 주시리로다"(시 37:4). "예루살렘을 사랑하는 자여 다 그와 함께 기뻐하라 다 그와 함께 즐거워하라 그를 위하여 슬퍼하는 자여 다 그의 기쁨을 인하여 그와 함께 기뻐하라"(사 66:10). "여호와의 말씀에 시온의 딸아 노래하고 기뻐하라 이는 내가 임하여 네 가운데 거할 것임이니라"(슥 2:10). 이는 하나님과의 화목에 대한 적극적인 요구입니다.

하나님과 동행하는 사람들은 하나님으로부터 오는 많은 자원을 누립니다. 이 세상을 살면서 필요한 이 땅의 자원들뿐 아니라, 하나님을 섬기며 살아가는 데 필요한 영적 은사와 재능도 받습니다. 하나님께 봉사하며 살 수 있도록 이 세상에서 적절한 과업을 주시고 거기에 즐거움으로 자신을 드리게 하십니다. 하늘 은혜의 자원을 주시고 말씀의 빛과 은혜 가운데 살게 하십니다. 기도할 때마다 응답해 주셔서 당신이 살아계신 것과 복의 근원이 되심을 나타내십니다.

그러나 이 모든 것은 하나님과 동행하는 삶의 진수는 아닙니다. 하나님과 동행하는 삶의 진수는 하나님과의 친교에서 나타납니다. 세상이 알 수 없는 또 다른 세계로부터 오는 만족과 신령한 기쁨 속에 살게 하는 근원은 어떤 자원이 아니라 하나님 자신입니다. 하나님과의 친교는 하나님께서 신자에게 당신 자신을 누리도록 주시는 것입니다. 이것이 하나님의 자녀가 이 세상에서 누릴 수 있는 최고의 축복입니다.

하나님과 동행하는 삶 가운데 누리는 하나님과의 평화의 진수가 신자에 대한 하나님 자신의 기쁨이라는 사실은 의심할 여지없이 명백한 사실입니다. 그래서 하나님과 동행하는 신자에게 있어서 최고의 간증은 하나님과 나눈 친교에 대한 간증입니다. 그리고 그 친교를 통해 신자가 누린 최고의 달콤함과 인격적인 기쁨은 모질고 고난으로 가득 찬 세상에서 하나님만을 섬기며 살아가게 만드는 원천이 됩니다.

그러나 오늘날 우리의 메마른 삶을 생각해 보십시오. 너무나 많은 사람들이 하나님과 상관없이 살아가고 있습니다. 창조의 목적도, 구속의 목적도 모른 채 자기 소견의 옳은 대로 살아가는 이 세상 사람들의 허무함을 보십시오. 그들은 창조주 하나님을 알지도 아니하고, 영화롭게도 아니함으로써 피조물의 본분을 벗어나 살아가고 있으며 하나님께서 창조하신 세상을 더럽히고 있습니다. 누가 저들에게 이 화목의 복음을 전하여 하나님과의 평화의 위대한 비밀을 알게 하고, 돌같이 굳은 마음을 녹여 강철같이 단단한 그들의 뺨에 십자가의 사랑으로 말미암은 눈물이 흐르게 할까요.

그런데 이러한 냉담함은 세상에만 있는 것이 아닙니다. 교회 안에도 하나님의 크신 사랑과 인격적인 친교에서 오는 기쁨 때문에 밤잠을 못 이루는 성도들의 수는 너무나 적습니다. 18세기의 전설적인 설교자 조지 휫필드(George Whitefield)의 고백처럼 말할 수 없는 달콤함이 강물처럼 흐르는 친교의 기쁨 때문에 정신이 쇄락(灑落)하여 밤잠을 이룰 수 없는 때가 우리의 삶 가운데 얼마나 있는지 묻고 싶습니다.

아아, 오늘날 거룩한 하나님과의 친교에 관한 말할 수 없는 기쁨의 경험들은 너무나 많은 신자들에게 비밀이 되었습니다. 그래서 강물 같은 은혜와 사랑이 흐르던 교회는 메마르고, 신자들의 마음에는 가시와 엉겅퀴같이 허탄하고 육욕적인 열매들이 가득하게 되었습니다. 마치 살기 싫은 부부가 자녀들의 장래 때문에 어쩔 수 없이 함께 사는 것처럼, 하나님과의 친교의 기쁨을 상실한 신앙생활을 힘겹게 이어가고 있지는 않습니까.

아아, 어떻게 하면 하나님께서 다시 교회와 언약 백성들을 향한 말할 수 없는 기쁨 때문에 즐거워하실 수 있게 될까요. 우리에게 얽매인 수많은 죄와 육체의 욕심들, 허탄한 세상에 대한 집착과 빗나간 자기사랑이 하나님과의 친교에서 오는 참된 기쁨을 앗아가고 있습니다. 그래서 황금과 같은 좋은 것은 버리고 지푸라기와 같은 것들로 즐거움을 삼으며 살아갑니다. 오, 하나님께서 우리를 불쌍히 여겨 주시기를······.

하나님께서 동행해 주시는 사람은 하나님께서 기뻐하시는 사람입니다. 그리고 하나님께서 그와의 사귐을 인하여 기뻐하신다면, 하나님께서는 그를 위해 모든 것을 주실 준비가 되어 있습니다. 그래서 성경은 우리에게 이렇게 말합니다. "그런즉 이 일에 대하여 우리가 무슨 말 하리요 만일 하나님이 우리를 위하시면 누가 우리를 대적하리요 자기 아들을 아끼지 아니하시고 우리 모든 사람을 위하여 내어 주신 이가 어찌 그 아들과 함께 모든 것을 우리에게 은사로 주지 아니하시겠느뇨"(롬 8:31-32).

하나님께서는 우리를 위해 자기의 소중한 아들까지 아낌없이 주셨는데, 무엇을 더 아끼시겠습니까? 그러므로 우리는 무엇보다도 하나님과 동행하는 삶의 진수인 하나님과의 친교에 대해 더 많이 배워야 합니다. 친교를 통해 신자를 향한 하나님의 말할 수 없는 기쁨을 경험하도록 주님의 성품을 더 알아가야 합니다.

B. 하나님께 대한 신자의 기쁨

둘째는 하나님께 대한 신자의 기쁨입니다. 하나님과 동행하는 삶의 진수가 하나님과의 친교에서 오는 기쁨이라고 할 때, 이것은 또한 하나님을 향한 신자의 기쁨을 포함합니다. 하나님께서 동행하시던 사람들은 하나님께서 기뻐하시는 사람일 뿐 아니라 하나님을 기뻐하는 사람들이었습니다. 하나님께서 베풀어 주시는 어떤 섭리나 자원들 때문이 아니라, 하나님 때문에 기뻐하고 즐거워하던 사람들이었습니다. 하나님께서 살아계신다는 사실과 그분이 하나님이시라는 사실 때문에 말할 수 없이 기뻐하고 즐거워하던 사람들이었습니다.

구약에서 구속자이신 그리스도를 바라보며 살던 사람들이 바로 그런 사람들이었습니다. 하나님을 말할 수 없이 즐거워하는 이들에게 있어서, 하나님께서 섭리 가운데 베풀어 주시는 도움과 자원들은 하나님을 생각나게 하는 도구에 불과하였습니다. 그래서 하나님과 동행하던 믿음의 사람들은 흐느끼면서 살았습니다. 한편으로는 하나님과의 친교에서 비롯되는 말할 수 없는 기쁨 때문에, 또 한편으로는 망가진 이 세상에서 하나님을 기뻐하는 사람들이 너무나 소수라는 사실 때문에 흐르는 눈물을 두 손으로

훔쳐내며 살았습니다.

신자가 하나님을 기뻐하는 것만큼만 하나님의 영광을 위하여 살 수 있다는 것은 부인할 수 없이 명백한 사실입니다. 그래서 18세기의 위대한 신학자 조나단 에드워즈(Jonathan Edwards)는 그 시대의 사람들을 바라보며 이렇게 말하였습니다. "우리 시대의 커다란 죄악 두 가지가 있으니, 하나는 하나님을 두려워하지 않는 것이고, 또 하나는 하나님을 기뻐하지 않는 것입니다."

그러므로 신자는 자기 안에 하나님으로 말미암은 신령한 기쁨이 있는지 돌아보아야 합니다. 없다면, 무엇이 그 신령한 기쁨들을 사라지게 했는지 성찰하여야 합니다. 하나님으로 인해 누리는 친교의 신령한 즐거움 없이는 이 세상에 대한 뿌리 깊은 사랑을 버릴 수 없기 때문입니다.

날마다 우리를 향한 하나님의 말할 수 없는 기쁨과 우리 안에 샘솟듯 솟아나는 하나님을 향한 즐거움 없이 이 세상에서 우리가 할 수 있는 일이 무엇일까요? 썩을 세상에서 육체의 욕심을 따라 하나님을 거스르며 방종하게 사는 것 외에는 아무것도 없을 것입니다.

설령 그렇게까지 방탕한 삶을 살지 않고 도덕적으로 단정한 삶을 산다 할지라도 그것이 무슨 의미가 있겠습니까? 자신을 창조하고 구속하신 하나님과의 친교의 기쁨이 무엇인지 모르는 굳은 마음을 가진 사람이 아무리 도덕적인 삶을 산다 해도, 그것으로 하나님께 영광을 돌릴 수 있겠습니까? 마음 가운데 하나님을 향한 기쁨이 없는데 어떻게 하나님을 기쁘시게 할 수 있겠으며, 하나님과의 친교에서 오는 친밀함이 없는데 어떻게 그분을 기뻐하지 않는 이 세상을 위해 기도할 수 있겠습니까?

아아, 어떻게 하면 이 땅의 냉담한 교회와 신자들이 다시 하나님을 기뻐할 수 있을까요. 어떻게 하면 하나님을 자신의 전부라고 믿으며 자신의 생명을 포함하여 이 세상에서 받아 누리는 모든 것들이 하나님 아버지께로부터 온 것임을 알고, 그 모든 것을 하나님을 기쁘시게 하기 위해 모두 다 사용할 수 있을까요. 우리 모두 이렇게 변화되기 위해 진지하게 자기를 성찰하고 복음교리의 빛으로 우리의 영적 생활을 돌아보아야 합니다.

신자를 향한 하나님의 기쁨이나 하나님을 향한 신자의 기쁨은 사랑의 한 특성입니다. 사랑의 특성이 소중히 여김(valuation)과 기쁨(delight)이기 때문입니다. 그래서 하나님께서는 당신이 기뻐하시는 사람들을 소중히 여기시고, 신자는 하나님을 기뻐할 때 하나님을 가장 소중하게 생각합니다.

하나님을 최고의 가치로 삼는 것은 하나님을 향한 사랑의 결정적 특징입니다. 만약 누군가가 하나님을 사랑하노라 고백하고 하나님을 최고의 가치로 생각하지 않는다면, 그 사람의 고백은 허위입니다. 그러므로 신자가 하나님의 말할 수 없는 기쁨의 대상이 된다는 것은 하나님과 동행하는 삶에 있어서 핵심이라 할 수 있습니다. 그리고 그러한 신자를 향한 하나님의 기쁨은 그들을 향한 하나님의 사랑 안에 자리합니다.

하나님께서 신자를 기뻐하시고 그가 이 땅에 살아있는 것을 인하여 말할 수 없이 즐거워하신다면, 세상이 그를 어떻게 할 수 있겠습니까? 그에게는 어떤 나쁜 일도 일어날 수 없습니다. 그러므로 세상이 감당할 수 없는 사람은 이 세상의 자원을 많이 소유한 사람이 아니라 하나님께 기쁨이 되는 사람, 하나님과 동행하는 사람입니다.

3장

하나님과 동행하는 표지 2

: 하나님의 영광을 갈망함

3장 | 하나님과 동행하는 표지 2
: 하나님의 영광을 갈망함

Ⅰ. 신자 안에 이루어진
하나님의 나라와 영광에 대한 갈망

둘째로, 하나님과 동행한다는 것은 이 세상에 사는 동안 이 땅에 나타날 하나님의 영광에 대한 열망 속에서 살아간다는 것을 의미합니다.

신자 안에 이루어진 하나님의 나라는 마치 천지를 창조하시던 하나님의 성품이 그러했던 것처럼, 신자 안에 갇혀 있지 않고 밖으로 발출되기를 원합니다. 그래서 신자는 자기 안에 하나님의 나라가 이루어질 때, 자기 안에서처럼 자신과 이웃의 삶 속에서 하나님의 나라가 이루어지기를 소원하는 열망을 갖게 됩니다. 그리고 그것은 항상 그렇게 되지 못한 현실에 대한 아픔과, 그렇게 되기를 원하는 성취에 대한 갈망으로 나타납니다.

하나님의 영광에 대한 열망은 이 세상을 향한 하나님의 경륜에 참여하여 그분의 뜻을 이루고 그분의 이름이 높이 여김을 받기를 원하는 마음의 강렬한 소원입니다. 이것은 신자가 하나님과 동행한다는 말의 또 다른 의미인 동시에, 하나님과 동행하며 살아가는 신자의 결정적인 표지입니다.

이 세상에는 하나님의 일을 위해 자신의 힘에 넘치도록 애쓰는 사람들이 많이 있습니다. 그러나 그들 중 많은 이들은 하나님의 영광이 온 땅에 가득하기를 바라는 거룩한 열망이 아니라, 일 자체에 대한 성취의 즐거움 때문에 열심을 내고 있을 뿐입니다. 사람들의 눈에는 그 둘이 같아 보일지 모르나, 하나님께는 보석과 돌멩이만큼이나 차이가 나는 것들입니다.

신자가 자신의 실제의 삶 속에서 하나님께서 영광 받으시기를 바라는 열망을 갖게 되는 것은, 자기 안에 이루어진 하나님의 통치에서 비롯된 것입니다. 신자가 자기 안에 이루어진 하나님의 은혜의 통치를 맛보고 나면 그것이 얼마나 행복한지를 깨닫게 되고, 거기에서 창조와 구속의 목적에 기여하는 삶을 살고자 하는 갈망을 갖게 됩니다. 그리고 그것은 곧 하나님의 이름의 영광을 위한 갈망입니다. 이러한 내적 갈망은 자신이 속한 현실 속에서 하나님의 영광이 동일하게 드러나도록 갈망하는 마음을 가져다 줍니다.

따라서 신자가 망가진 이 세상을 고치기 위해서 올바르게 헌신하는 삶을 살기 위해서는 끊임없이 자신 안에 회복된 은혜로 말미암아 하나님의 은혜의 통치와 그것이 가져다주는 신령한 가치와 기쁨을 현재적으로 경험해야 합니다. 청교도 신학자 토마스 굿윈(Thomas Goodwin)이 신자 안에 있는 내적 은혜야말로 그를 외적인 삶에 있어서 순종하기에 가장 적합하도록 준비시킨다고 말한 것도 바로 이 때문입니다.

또한 이러한 하나님의 영광에 대한 갈망은 신자 안에 존재하는 우세한 욕망이 무엇인지를 보여주는 것입니다. 하나님의 거룩하심을 따라 그리스도의 형상을 닮은 존재가 되고, 그런 삶을 살고 싶어하는 욕망이 크면 클수록, 신자는 하나님께 영광 돌리지 않는 망가진 이 세상을 보며 고통을 받게 되는 것입니다. 청교도 신학자 존 오웬(John Owen)이 그 사람이 누구인지는 그의 욕망을 보면 알 수 있다고 한 것도 바로 이런 이유 때문입니다.

Ⅱ. 영광을 갈망하는 삶의 특징

신자가 하나님과 동행하며 그분의 영광에 대한 열망 속에서 살아간다고 할 때, 이것은 최소한 다음 네 가지 사실을 포함합니다.

A. 하나님의 영광을 최고의 가치로 삼음

첫째로, 하나님의 영광을 자신의 삶의 최고 가치로 생각하는 것입니다. 여기에서 하나님의 영광은 곧 하나님의 이름의 영광입니다. 하나님께서는 영광 자체이십니다. 하나님의 존재 자체가 영광스러우시며 거룩하시기 때문입니다. 저는 이것을 하나님의 본체적 영광(essential glory)이라 부릅니다.

그러나 하나님께서는 하늘에 계시지만 당신의 이름은 이 땅에 두셨습니다. 하나님은 더 거룩해지실 수도 없고 더 영광스럽게 되실 수도 없습니다. 하나님은 불변하시는 무한자로서 영원하신 분이시기 때문입니다. 그러나 이 땅에 두신 하나님의 이름은 존귀해지기도 하고 수치스러워지기도 하며, 높아지기도 하고 낮아지기도 합니다. 하나님의 명예의 이러한 변화는 전적으로 이 세상을 살아가는 인간들에게 달려 있습니다. 저는 이것을 하나님의 효과적 영광(effective glory)이라 부릅니다.

따라서 하나님과 동행하는 신자가 하나님의 영광을 위해 산다고 할 때, 그것은 이 땅에 남겨진 하나님의 이름의 명예를 위하여 사는 것입니다. 신자가 하나님을 사랑하는 것은 이 세상에서 하나님의 이름을 사랑하는 것으로서 나타나며, 하나님을 기뻐하는 것 역시 이 세상에 남겨진 하나님의 이름을 인하여 기뻐하는 것으로 나타납니다.

성경은 여러 곳에서 하나님을 향한 신자의 사랑이 하나님의 이름에 대한 신자의 사랑과 나누어질 수 없음을 말합니다. 그래서 많은 믿음의 사람들이 하나님의 이름으로 인하여 능력과 위로를 경험했고, 그 이름 때문에 자신의 목숨을 버렸습니다. 그러므로 하나님과 동행하는 신자가 하나님의 영광에 대한 열망 속에서 산다는 것은 이 세상에서 하나님의 이름이 영광을 받으시는 것을 최고의 가치로 삼으며 살아간다는 것입니다. 자신의 인생의 성패를 그 일에 거는 것입니다.

하나님과 동행하고 그분을 기뻐하는 사람들이 이 땅에서 살고 있지만 세상에 속한 사람으로 살지 않을 수 있었던 이유도 바로 이 때문이었습니다. 그들은 똑같이 이 세상에 살았지만 다른 사람들과는 전혀 다른 삶의 목표를 가지고 산 사람들이었습니다. 하나님께서는 오늘도 우리가 이렇게 하나님과 동행하고 하나님과의 친교로 말미암아 말할 수 없이 기뻐하며, 하나님의 이름의 영광을 최고의 가치로 여기며 살아가기를 원하십니다.

그렇게 살아갈 때 우리 자신은 물론 우리 주변 세상이 망가진 상태에서 고쳐질 것이며, 피곤하고 지친 삶을 이어가던 수많은 사람들과 허탄한 것에 굴복하던 피조물들의 흐느낌이 하나님의 손길로 말미암아 치료되어 즐거움으로 바뀔 것입니다.

B. 그 일을 위해 모든 삶을 재편함

둘째로, 그 일을 위해 모든 삶이 재편되는 것입니다. 신자가 하나님과 동행하면서 하나님의 영광을 갈망한다고 할 때, 그것은 하나님의 영광을 자신의 인생의 중요한 가치로 생각하는 것에 머무르지 않습니다. 반드시 그 가치를 중심으로 모든 삶이 재편되는 것이 동반되는 것입니다.

그래서 하나님과 동행하는 사람들의 삶의 양태는 다양할지라도, 그들의 모든 삶은 하나의 궁극적인 가치 실현을 위해 정위되어 있습니다.

　이것은 한 나라가 전쟁을 하는 것에 비유할 수 있습니다. 군인들이 적과 맞붙어 치열한 전투를 수행하기 위해서는 많은 물자와 용역이 필요합니다. 전투 장비부터 시작해서 식량과 의복, 그리고 그들의 사기를 격려할 수 있는 위문 프로그램까지 엄청난 물자와 섬김이 필요합니다. 그 중에는 직접적으로 전쟁과 상관이 없는 것도 있을 것입니다. 그러나 그것들까지도 모두 한 가지 궁극적인 목표, 전쟁에서의 승리에 기여하도록 주어지는 것입니다.

　그리스도인의 삶도 마찬가지입니다. 신자가 하나님의 영광에 대한 갈망 가운데 산다는 것은 그것을 자신의 생애 최고의 가치로 여기고, 모든 소유와 삶을 그 가치를 실현하는 데 기여하도록 재편하는 것을 의미합니다.

　사실 구원받은 신자들 중에 하나님의 영광을 위해 무엇인가 하고 싶지 않은 사람이 어디 있겠습니까. 저마다 하나님의 영광을 위하여 살고 싶다고 고백하고, 실제로 자신의 삶 속에서 그러한 목표를 가지고 기도하며 실천할 때가 있습니다. 그러나 너무나 많은 그리스도인들에게 있어 하나님의 영광을 위하여 살도록 부름 받은 소명이 일관되게 수행되지 않고 있습니다. 어느 순간 종교적인 감상으로 이러한 삶을 살고 싶어하기도 하지만 이내 다시 자기사랑에 빠지고 맙니다. 삶 전체가 하나님의 영광이라는 궁극적인 가치에 기여하도록 총체적으로 재편되지 않았기 때문입니다.

그러나 성경을 보십시오. 진실로 하나님의 영광을 갈망했던 사람들은 자기사랑에 속한 모든 것을 버리고 한 가지 가치를 향해 자신의 삶을 재편하였습니다. 그래서 그들에게는 종교적인 영역과 일상적인 삶의 영역이 나누어지지 않았습니다. 모든 삶은 신앙이었고, 신앙은 그의 삶 자체였기 때문입니다.

오늘날 성속이원론(聖俗二元論)에 빠져, 말씀의 표준대로 행해야 할 삶의 영역과 세상의 가치관에 따라 편한 대로 행할 수 있는 삶의 영역을 나누는 신앙생활은, 비겁하고 위선적인 행태입니다. 그리고 이러한 태도 때문에 오늘날 많은 그리스도인들은 실제적인 생활 속에서 하나님의 영광을 드러내는 데 실패하고 있습니다.

성경에 의하면 이러한 열망은 단지 감상에 지나지 않습니다. 한 사람이 무엇을 향한 소원을 가지고 있다는 것과 그것을 갈망한다는 것은 같은 것이 아닙니다. 소망하는 것은 그 일이 이루어지기를 바라는 마음의 희망일 뿐입니다. 따라서 그것이 이루어지면 좋겠지만 그렇게 되지 않는다 할지라도 아픔은 없습니다.

그러나 갈망한다는 것은 바라는 바 열망이 너무나 크기 때문에 이미 그것을 가지고 있지 못한 현실에 고통을 느끼는 것이며, 그것이 성취되기를 너무나 간절히 바란 나머지 그것이 성취되지 못한다면 살아 있는 것 자체를 고통스럽게 여길, 그런 상태를 의미하는 것입니다. 이것이 바로 하나님의 영광을 향한 갈망의 정체입니다. 그래서 많은 사람들이 성경에서 하나님의 영광을 갈망하며, 흐느끼고, 탄식했던 것입니다.

치열하게 불타오르는 하나님의 사랑을 생각해 보십시오. 죄인들을 구원하시려는 그분의 열망을 생각해 보십시오. 자신들의 죄로 말미암아 스스로 하나님에게서 멀어졌으나, 하나님께서는 그들을 구원하여 당신 가까이 두고자 하셨습니다. 하나님께 그 일은 이루어지면 좋고 이루어지지 않아도 그만인, 그런 일이 아니었습니다. 그것은 반드시 성취되어야 할 일이었고, 그 일을 이루기까지 하나님께서는 잠잠하실 수가 없으셨습니다.

구약 성경의 오랜 역사를 보십시오. 하나님께서는 놀라운 섭리 속에서 왕국의 부침(浮沈), 왕들의 등극과 퇴위, 전쟁과 커다란 위기, 이 모든 것들을 사용하셔서 우리에게 구원자이신 당신 자신을 알리셨습니다. 성경이 수많은 사건과 인물들을 다루고 있으나 그것들은 매개체에 불과합니다. 성경이 진정으로 보여주고 싶어했던 것은 인간을 구원하시는 하나님의 방법이었습니다. 하나님께서 섭리하시는 모든 성경의 사건이 이 일에 기여하도록 작용하여 구원의 길을 알리는 계시가 완성되었고, 실제로 구원하시는 하나님의 은혜가 때가 차매 나타났습니다.

그러므로 신자가 하나님의 영광을 자기 인생의 최고 가치로 삼는다면, 그의 모든 삶의 계획과 일상의 목표들은 바로 이 최고의 가치를 실현하기 위한 방향으로 재편되어야 합니다. 이러한 사상에 대하여 사도 바울은 다음과 같이 말합니다. "우리 중에 누구든지 자기를 위하여 사는 자가 없고 자기를 위하여 죽는 자도 없도다 우리가 살아도 주를 위하여 살고 죽어도 주를 위하여 죽나니 그러므로 사나 죽으나 우리가 주의 것이로라"(롬 14:7-8).

C. 그렇지 못한 현실에 대해 아파함

셋째로, 그렇지 못한 현실을 아파하는 것입니다. 이처럼 하나님과 동행한다는 것의 의미는 하나님의 영광에 대한 열망 속에서 산다는 것입니다.

1. 영광을 갈망하는 신자의 고통

하나님의 영광을 갈망하며 사는 신자는 반드시 자신의 안팎에서 그러한 열망에 부합하지 못하는 현실을 봅니다. 이 때 그는 그러한 현실로 인해 고통을 느끼게 됩니다. 이것은 신자가 이 세상에서 하나님의 영광에 대한 갈망을 가지고 살아갈 때 하는 경험 중의 진수에 속합니다. 그가 아무리 하나님의 영광을 위한 갈망을 가지고 있다고 고백하고 실제로 그 일을 위해 사는 것처럼 보인다 할지라도, 이러한 고통이 없으면 그것은 참된 하나님의 영광에 대한 갈망이 아닙니다.

신자가 하나님의 영광을 갈망하기 위해서는 이미 자기 안에 하나님의 통치가 구체적으로 구현되고 있어야 합니다. 신자 안에 하나님의 나라가 이루어지지 않고는 하나님의 영광을 갈망하는 삶을 살 수 없습니다. 하나님의 나라의 핵심은 하나님의 통치이며, 이 통치는 하나님과의 친교가 있는 통치입니다.

따라서 신자가 자기 밖에서 이루어지지 않은 하나님의 나라를 보며 안타까워할 때, 그것은 반드시 하나님과 이웃을 향한 말할 수 없는 사랑을 동반하여 나타납니다. 그의 인격 안에서 하나님의 의로운 통치에 대한 갈망과 세상에 대한 사랑은 나누어지지 않습니다. 그래서 성경에 보면 불같은 심판의 메시지로 하나님의 영광이 짓밟힌 시대를 꾸짖으며 하나님의 진노를 경고했던 사람들이 하나님 앞에 죄인들을 위한 하나님의 긍휼을 구했던 것입니다.[9]

2. 하나님으로부터 오는 이중의 위로

신자가 이처럼 하나님의 이름이 모욕받는 현실로 인하여 아파할 때, 그에게는 이중의 방식으로 하나님의 위로가 주어집니다.

첫째는 하나님으로부터 오는 직접적인 위로입니다. 이것은 하나님의 영광을 갈망하며 아파하는 성도의 영혼을 직접 어루만지시는 위로입니다. 이것은 하나님께서는 하나님의 영광이 드러나지 않는 세상을 보며 아파하는 신자를 기뻐하신다는 사실을 보여줍니다. 그래서 역설적으로 하나님께서 기뻐하시는 사람은 이 세상에서 슬픈 사람들이었습니다. 하나님의 이름이 멸시받는 현실이 그를 아프게 하기 때문입니다. 이러한 경험에 대해서 예레미

---

9) "하나님은 우리를 긍휼히 여기사 복을 주시고 그 얼굴빛으로 우리에게 비취사 주의 도를 땅 위에, 주의 구원을 만방 중에 알리소서"(시 67:1-2), "여호와여 우리를 긍휼히 여기시고 긍휼히 여기소서 심한 멸시가 우리에게 넘치나이다"(시 123:3), "만군의 여호와가 이르노라 너희는 나 하나님께 은혜를 구하기를 우리를 긍휼히 여기소서 하여 보라 너희가 이같이 행하였으니 내가 너희 중 하나인들 받겠느냐"(말 1:9).

야는 이렇게 말합니다. "주께서 내 지경 안 모든 용사를 없는 것같이 여기시고 성회를 모아 내 소년들을 부수심이여 처녀 유다를 술틀에 밟으셨도다 이를 인하여 내가 우니 내 눈에 눈물이 물같이 흐름이여 나를 위로하여 내 영을 소성시킬 자가 멀리 떠났음이로다 원수들이 이기매 내 자녀들이 외롭도다"(애 1:15-16).

하나님께서 이렇게 당신 자신의 이름이 모욕받는 현실을 아파하는 성도들을 친히 위로하시는 것은 그렇게 아파하는 마음이 곧 하나님의 마음이기 때문입니다. 그래서 신자는 거기서 하나님과 한마음이 되는 것을 경험하고, 그 하나 됨의 관계 속에서 위로하시는 하나님의 친절을 경험하는 것입니다.

하나님께서는 이 땅에 있는 신자가 존귀하게 여김을 받지 못하는 하나님의 이름을 인하여 아파할 때, 그것을 당신을 향한 최고의 사랑의 표현으로 보십니다. 하나님께서는 단순한 입술만의 고백보다 마음에서 우러나오는 고백을 원하시기 때문입니다.[10]

신자가 하나님의 영광을 위해 살려는 마음을 가지고 있다 할지라도 그것이 참된 것임을 입증하기 위해서는, 하나님의 이름이 높임을 받지 못하는 현실을 아파하는 고통을 지니고 있어야 합니

---

[10] "주께서 가라사대 이 백성이 입으로는 나를 가까이하며 입술로는 나를 존경하나 그 마음은 내게서 멀리 떠났나니 그들이 나를 경외함은 사람의 계명으로 가르침을 받았을 뿐이라"(사 29:13).

다. 이러한 경험에 대해 예레미아 선지자는 이렇게 말합니다. "무릇 지나가는 자여 너희에게는 관계가 없는가 내게 임한 근심 같은 근심이 있는가 볼지어다 여호와께서 진노하신 날에 나를 괴롭게 하신 것이로다 위에서부터 나의 골수에 불을 보내어 이기게 하시고 내 발 앞에 그물을 베푸사 나로 물러가게 하셨음이여 종일토록 고적하여 곤비케 하셨도다"(애 1:12-13).

하나님께서는 이런 자녀들에게 직접적인 위로를 주십니다. 그것은 하나님 자신이 그 영혼을 어루만지시는 것입니다. 이 세상에서 신자들이 누리는 다른 많은 축복들은 일반 섭리를 통해 오지만, 이러한 영적 축복은 일반 섭리의 매개 없이 하나님께서 직접적으로 어루만져 주시는 것입니다. 따라서 다른 모든 축복과 비교할 수 없는 탁월한 축복입니다. 이러한 위로의 경험은 또한 하나님의 이름의 영광을 인해 아파하는 성도들에 대한 하나님의 인정을 동반하는 것입니다.

이러한 경험을 통해 성도들은 하나님과 그리스도를 아는 참 지식에서 자라가게 됩니다. 영혼에 대한 신적인 위로의 경험은 하나님의 성품에 대한 새로운 지식을 가져다줄 뿐 아니라 그분과의 실제적인 연합의 행복을 느끼게 해주어, 외적 삶이 더욱 그분의 뜻에 부합하게 되기를 힘쓰도록 만들어 줍니다.

둘째는 하나님의 섭리의 시여(施與)를 통해 오는 간접적인 위로입니다. 이것은 하나님의 이름의 영광을 갈망하는 성도에게 현실 속에서 하나님의 통치를 실현하심으로써 신자들을 위로하시는 것입니다. 하나님의 영광을 향한 갈망 속에서 살아갈 때, 신자는 필연적으로 망가진 세상과 하나님께로 돌아오지 않는 이 땅의 죄인들을 인하여 아파하게 됩니다.

그리고 바로 이 일을 위하여 부르심을 받은 교회가 그 일을 효과적으로 감당해 나가지 못하는 현실도 신자의 고통의 이유가 됩니다. 뿐만 아니라 자신 안에 있는 죄의 경향성과 내면세계의 부패함으로 인하여 고통을 받게 되니, 신자는 자신의 내면과 세상으로부터 이중적인 우겨쌈을 당하게 되는 것입니다.

그러나 이 때 신자는 두 가지 방식으로 신령한 위로를 경험합니다. 한편으로는 이 땅에 하나님의 이름이 존귀하게 여김을 받는 영광이 나타나는 것입니다. 비록 물이 바다를 덮음같이 보편적이지는 않아도 국지적으로 그런 일이 일어날 수 있습니다. 이 때 그 일을 위해 섬기며 아파하던 신자는 작은 영역일지라도 그 속에서 회복되는 하나님의 통치와 은혜의 역사를 보며 위로를 받습니다. 그리고 이러한 위로는 신자에게 하나님께서 자신과 동행하고 계시다는 확신을 갖게 해줍니다. 그래서 더욱더 순결한 마음으로 하나님의 영광의 나타남을 위해 이바지하고자 하는 헌신의 마음을 갖게 됩니다.

또 한편으로 신자는 자신과 이웃이 이러한 목표를 향하여 기여하는 삶을 살아갈 때 그 안에서 위로를 얻습니다. 비록 주님의 이름이 온 땅에 높아지는 괄목할 만한 신적 통치의 현현은 없어도, 자신과 이웃이 그 목표를 향하여 하나님을 의지하며 살아갈 때, 그것만으로도 신자는 위로를 받는 것입니다. 그래서 청교도 신학자 존 오웬은 하나님의 영광을 지향하는 신자의 삶 안에, 그 사람 자신의 본질을 변화시키는 위대한 힘이 있다고 지적하였습니다.

때로는 이 위로가 너무나 커서 하나님의 영광을 위하여 아파하는 것이 부당한 고난으로 여겨지지 않고 달콤한 특권으로 여겨지기도 합니다. 사도들이 복음을 전하며 고난을 받았을 때 오히려 기쁨으로 충만하였던 것도 이 때문이었습니다. "사도들은 그 이름을 위하여 능욕받는 일에 합당한 자로 여기심을 기뻐하면서 공회 앞을 떠나니라"(행 5:41).

이처럼 하나님께서는 당신의 마음을 품고 당신의 이름의 영광을 위하여 이 세상에서 고통을 받으며 아파하는 성도들을 위로하십니다.

3. 속기 쉬운 자신의 모습

우리는 너무나 자주 우리 자신에게 속습니다. 때로는 자신의 악한 의도를 감추기 위해 스스로를 속이기도 하지만, 죄의 속이는 작용으로 말미암아 미혹되기도 합니다. 그러나 결국 죄에게 우리의 책임을 전가할 수는 없으니 우리가 스스로를 속이는 셈입니다.

예수 그리스도 시대 때 바리새인들이 바로 그런 사람들이었습니다. 그들은 열심히 율법을 지키며 살았고, 그것이 하나님을 사랑하는 예라고 믿었습니다. 그리고 자신들처럼 율법에 충실하지 않은 모든 사람을 정죄하고 미워하였고, 그것을 자신들이 하나님 편에 선 증거라고 생각하였습니다. 그러나 예수 그리스도께서 그들에 대해 무엇이라고 말씀하셨습니까? "화 있을진저 외식하는 서기관들과 바리새인들이여 회칠한 무덤 같으니 겉으로는 아름답게 보이나 그 안에는 죽은 사람의 뼈와 모든 더러운 것이 가득하도다"(마 23:27).

그들은 자신의 모든 것을 하나님께 바쳤다고 생각했고, 그래서 심지어 자신의 부모를 공경할 것조차 남아 있지 않다고 믿었습니다. "너희는 가로되 사람이 아비에게나 어미에게나 말하기를 내가 드려 유익하게 할 것이 고르반 곧 하나님께 드림이 되었다고 하기만 하면 그만이라 하고 제 아비나 어미에게 다시 아무것이라도 하여 드리기를 허하지 아니하여"(막7:11-12).

그러나 그것은 사실이 아니었습니다. 그들이 철저하게 율법을 지키며 살아간 것은 모두 자기 자신을 위한 것이었습니다. 그것은 자기사랑의 다른 표현이었기에, 율법을 지키며 살아갈수록 자기의만 쌓여 갔습니다. 그래서 그들은 그 많은 율법을 행하는 가운데 참으로 율법을 통해 드러나야 할 주인공이신 구원자 예수 그리스도를 뵐 수 없었습니다. 하나님의 영광을 드러내지 못하는 자신의 내면의 모습과 그 시대를 보고 아파하지 않은 것은 그들의 열심이 하나님의 영광에 대한 갈망에서 비롯된 것이 아님을 보여주는 것입니다.

이 세상에 사는 동안 우리는 하나님을 위해 무엇인가를 행하며 살 것입니다. 신자 안에는 하나님의 뜻대로 살기를 원하는 선에 대한 소원이 있고, 자신의 삶이 그 선을 이루는 미덕으로 이어질 때 비로소 만족할 수 있기 때문입니다. 그러나 문제는 그것이 진실한 갈망으로 나타나고, 그 갈망을 향해 재편된 삶 전체가 자기 자리를 유지하고, 하나님께서 공급해 주시는 모든 삶의 자원을 그 일을 위하여 지속적으로 사용하지 않는 데 있습니다.

하나님께서 당신의 영광을 드러내고 망가진 세상을 고치기 위해 우리에게 주신 수많은 은사와 은혜의 자원들이 활용되지도 않은 채 묻혀 버리는 때가 얼마나 많습니까? 또 그렇게 사용하도록 주신 자원들을 썩어 없어질 육체의 욕망과 잠시 있다 사라질 이 세상을 위해 사용할 때가 얼마나 많습니까?

하나님께서는 지금도 사면을 두루 살피시며 당신의 영광을 위한 갈망에 사무치는 사람들을 찾으십니다. 그리고 그들을 기뻐하십니다. 그들이 예전에 어떤 흉악한 죄인이었다 할지라도, 세상 사람이 보기에 너무나 부족한 것이 많아 보여도, 하나님께서는 그들에게 독점적인 사랑을 부어주셔서 하나님의 영광을 위해 살고자 하는 소원을 따라 하나님을 섬기게 하십니다.

무엇보다 하나님께서는 그들과 함께 해 주십니다. 그래서 하나님의 성품을 깨닫고 지식의 빛 안에서 하나님과 교제하게 하십니다. 그러면 그들은 이렇게 부어진 계시의 빛과 은혜의 힘으로 이 세상에서 부름 받은 소명을 따라 헌신하며 살아갑니다. 그리고 그러한 삶의 실천을 통해 하나님을 더욱 구체적으로 알아갑니다. 말할 수 없는 교제의 달콤함으로 시련의 불길도 통과하며 말입니다.

D. 영광의 나타남과 함께 즐거워함

넷째로, 하나님의 영광이 나타날 때 함께 즐거워하는 것입니다. 하나님과 동행하는 신자는 하나님의 영광을 위한 실제적인 갈망을 간직하고 살아갑니다. 마음으로 갈망하는 바는 자기가 사랑하는 하나님의 이름이 이 땅에서 존귀하게 여김을 받고, 온 세상 사람들이 그분을 알고, 그분의 이름을 높이는 것입니다. 그래서 자신의 삶을 재편하게 만든 그 가치를 위해 함께 하나님을 섬기는 것입니다. 그가 행하는 모든 섬김과 다양한 활동, 심지어 자신의 육체를 적절하게 쉬게 하고 즐거움을 얻는 것도, 궁극적으로는 바로 그 가치를 위해 효율적으로 헌신하기 위해서입니다.

1. 슬퍼하는 자 같으나 기뻐함

많은 사람들은 하나님의 영광을 갈망하는 사람들이 언제나 비관적이고 우울한 사람들일 것이라고 생각합니다. 그러나 그것은 단지 편견일 뿐입니다.

하나님의 영광을 갈망하는 삶은 하나님의 마음을 나누어 가지고 살아가는 삶입니다. 하지만 하나님의 사랑과 은혜를 알고 그분의 마음으로 이 세상을 본다 할지라도 그는 단지 죄인일 뿐입니다. 이런 죄인의 마음에도 하나님의 나라가 이루어질 때 망가진 이 세상을 향한 하나님의 아픔을 뼈저리게 느끼게 되는데, 망가진 세상을 본래의 창조 목적으로 회복시키기 위해 외아들까지 보내신 하나님 아버지의 마음은 어떠하겠습니까? 하나님의 그 크신 사랑에도 불구하고 구원의 초청을 거절하고 지존자를 멸시하며 어두움 가운데 사는 이 세상을 바라보시는 하나님의 마음은 얼마나 아프실까요?

그러나 하나님께서 이 세상을 바라보시며 아파하신다고 해서, 우리가 만나는 하나님이 언제나 우울하고 고뇌하시는 하나님이십니까? 세상은 더욱 악해지고 인간들은 점점 더 하나님 경외하기를 싫어하는 말세의 끄트머리에 서 있는 이 시대라고 해서, 요즘 우리가 만나는 하나님이 이전 시대의 하나님보다 음울하고 수심에 찬 하나님인지 묻고 싶습니다. 우리가 만나는 하나님이 너무나 고뇌한 나머지 당신의 자녀들을 향해 사랑을 표현할 여유가 없을 정도로 억눌린 하나님이십니까?

하나님께서는 당신 자신의 이름이 온 땅에 높여지지 못하는 일로 인해 아파하시고, 그 아픈 마음들을 우리 같은 당신의 백성들에게 나누어 주십니다. 그래서 하나님의 마음을 품고 그분의 영광을 위하여 살게 하십니다. 그래서 우리는 남들이 즐거워 노래할 때 때로는 흐느끼며, 남들이 먹고 마실 때 때로는 금식하며 눈물을 흘립니다. 그런 하나님의 마음을 조금이나마 알기 때문입니다.

그러나 우리에게 언제나 이런 흐느낌과 우울함만 있는 것은 아닙니다. 하나님께서는 오히려 우리가 이렇게 하나님의 마음을 공유하며 망가진 세상을 인하여 아파하고 흐느낄 때, 세상이 도저히 알 수 없는 초월적인 사랑으로 우리를 위로하시고 우리의 영혼을 어루만져 주십니다.

아아, 조국 교회의 모든 지체들이 이러한 은혜의 비밀을 안다면 얼마나 좋을까요. 당신의 영광을 위하여 흐느끼며 아파하는 자들을 위해 베푸시는 그 위로의 깊이와 자비의 장엄함을 알 수 있다면, 아마 조국 교회의 그리스도인들이 지금처럼 살지는 않을 것입니다.

한 사람의 그리스도인은 이 세상의 밭에 심겨진 한 알의 밀알입니다. 그가 죽음으로써 많은 열매를 맺는다는 사실은 너무나 자명합니다. 그러나 죽어야 할 것은 그 사람 자신이 아니라 그 사람 안에 있는 자기사랑입니다. 세상에 대한 사랑과 육체에 대한 욕심, 원대한 계획을 가진 욕망들이 죽임을 당할 때, 죄의 경향성을 가진 신자는 아픔을 경험하게 되고, 그 통증은 죽음에 이르는 고통입니다.

그러나 신자는 그러한 고통을 통해 그리스도의 죽으심에 동참하게 됩니다. 그분의 죽음이 자신의 마음과 삶 속에 실재화 되는 것을 경험하게 되는 것입니다. 신자가 받는 성령의 넘치는 위로와 그리스도의 은혜와 하나님의 사랑에 대한 경험은 모두 이러한 자기 죽음의 경험과 함께 찾아옵니다. 그래서 그리스도인의 삶은 가장 아플 때 가장 기쁘며, 가장 처절하게 통곡할 때 환희의 정상에 섭니다.

이 세상 사람들의 마음에는 기쁨과 슬픔이 동시에 공존할 수 없습니다. 기쁨은 슬픔을 내어 쫓고, 슬픔은 기쁨에 의해 자리를 빼앗깁니다. 그러나 그리스도인의 경험은 그렇지 않습니다. 오히려 가장 고통받는 때에 가장 커다란 기쁨이 함께 깃들기도 합니다.

그리스도와 함께 죽는 고통과 그분과 함께 다시 사는 부활의 기쁨이 공존하며, 영원의 빛 아래서 이 세상의 헛됨을 깊이 자각할 때 오히려 영원 앞에 티끌과 같은 자신의 존재가 주님 앞에 얼마나 소중한지를 깨닫게 됩니다.

그래서 하나님의 영광을 위해 목마른 신자들은 결코 우울한 사람들이 아닙니다. 그들이 많이 우는 것은 세상에 대한 염세적인 비관 때문이 아닙니다. 하나님께서 창조하신 이 세상이 드러낼 수 있는 창조의 아름다운 영광의 가능성을 알았기 때문에, 이처럼 망가진 채 고쳐지지 않는 이 세상을 인하여 아파하기 때문입니다. 그래서 그들은 날마다 슬퍼하고 날마다 기뻐하며, 날마다 통곡하며 날마다 웃습니다. 날마다 죽고 날마다 사니 그들이 바로 하나님의 영광을 갈망하는 참된 성도들입니다.

2. 자기를 위하여 살지 아니함

그렇기 때문에 이 세상에 살아 있는 동안 신자의 가장 좋은 양식은 세상의 화려한 지위나 많은 재물이 아닙니다. 그들의 마음의 양식은 그리스도를 생각하는 것이며, 그들의 영혼의 양식은 하나님의 일을 하는 것입니다. "가라사대 내게는 너희가 알지 못하는 먹을 양식이 있느니라 제자들이 서로 말하되 누가 잡수실 것을 갖다 드렸는가 한대 예수께서 이르시되 나의 양식은 나를 보내신 이의 뜻을 행하며 그의 일을 온전히 이루는 이것이니라"(요 4:32-34).

예수 그리스도께서 말씀하신 바와 같이 이는 세상이 알 수 없는 양식이며, 그로 인하여 신자들은 만족을 누립니다. 하나님의 이름이 존귀하게 여김을 받는 그곳에서, 그들은 먹지 않아도 배부르고 마시지 않아도 갈하지 않습니다. 핍박과 고난 속에 사선을 넘나들어도 그들은 높임받는 하나님의 이름을 인하여 행복해합니다. 그들의 모든 꿈이 바로 이 세상에서 그분의 이름이 존귀하게 여김을 받는 데 있기 때문입니다.

3. 성도의 즐거움은 하나님의 영광

아아, 그러나 오늘날 조국 교회를 뒤덮은 이 영적인 냉담함을 어찌 해야 할까요? 사람들은 하나님을 즐거워하는 것을 배우기 전에 다른 것으로 즐거움을 얻는 비결을 교회 안에서 배웁니다. 교회는 "은과 금은 내게 없거니와 내게 있는 것으로 네게 주노니"라고 말하던 담대함을 잃어버린 것 같습니다.

아아, 우리는 어찌 해야 할까요. 교회의 궁극적인 사명은 자기 안에 이루어진 하나님 나라에 대한 말할 수 없는 기쁨 때문에, 사무치는 열망으로 이 땅을 고치기 위해 어두운 세상 한복판을 흐느끼며 지나가는 신자들을 만들어 이 세상에 파송하는 것입니다.

온 마음을 다하여 하나님의 뜻을 외치고 주 말씀 따라서 용감하게 사는 사람, 하나님을 높이고 예수 그리스도의 이름을 송축하지 않는 이 세상을 인하여 아파하는 사람, 이 땅에 사는 동안 하나님께서 자신에게 주신 모든 은혜와 자원들을 그 일을 위해 사용하는 사람으로 만들어 이 세상에 보내는 것이 교회의 사명이 아니고 무엇이겠습니까.

그래서 연약한 성도들도 세상에서는 제 소견에 옳은 대로 살다가 교회에 와서는 온 마음을 다하여 하나님의 뜻을 좇는 성도들을 만납니다. 그리고 자신을 향해서도 그러한 삶을 기대하시는 하나님의 마음을 강단에서 발견하고, 모든 목회 사역 속에서 그 기대를 따라사는 법을 깨닫게 됩니다. 그래서 자신이 참다운 경배자로 이 세상을 살아가고 있지 않다는 사실을 깨닫게 되는 것입니다. 하나님께서 자기 안에 이루고 싶어하시는 하나님 나라의 아름다운 모습이 성도들 안에 있다는 사실을 발견하고, 자기 안에 없는 하나님의 통치와 은혜의 부요함 때문에 자신의 죄를 깨닫게 되고 아파하는 것입니다.

이것이 바로 연약한 성도들이 교회에서 터득해야 할 일입니다. 그리고 그러한 연약한 성도들로 하나님 앞에 온 마음과 삶을 드리는 참 경배자가 되게 하고, 그러한 경배 속에서 하나님의 이름을 높이며 살도록 이 세상에 파송하는 것, 그것이 바로 교회의 사명입니다. 또한 이 사명을 이루기 위한 모든 유기체적 활동에 있어서 그리스도께서 머리가 되시는 것입니다.

4. 영광을 사모함은 곧 천국 사랑임

그러므로 하나님과 동행하는 성도는 이 땅에 사는 동안 하나님의 영광을 갈망합니다. 그분의 이름과 함께 울고 웃고, 그분의 뜻이 이루어지는 것과 함께 기뻐하고 슬퍼합니다. 그들이 영혼을 사랑하는 것도 바로 이 때문입니다. 왜냐하면 하나님께서 망가진 이 세상을 고치시고 영광을 받으시기 위해서는 결국 하나님의 형상을 가진 사람이 그렇게 변화되어야 하기 때문입니다. 하나님과 동행하는 성도는 하나님의 영광이 나타날 때 기뻐하고 행복해 합니다. 그 기쁨은 세상이 알 수 없는 기쁨이며, 그 속에서 성도는 점점 세상이 감당할 수 없는 사람이 되어 갑니다.

이 세상에서 그분의 이름을 사랑하는 모든 사람들은 예외 없이 그분을 직접 대면하여 볼 날을 그리워합니다. 지상에서 이어질 듯 끊어지던 하나님을 향한 사랑의 노래와 늘 흐를 듯 막히던 그분과의 교제를 갈망하며 살던 사람들, 그 안에서 신령한 사랑을 경험하고 친밀함을 맛보았던 사람들은 그 이름이 주는 위로를 경험한 사람들입니다. 그들은 모두 하나님으로부터 받게 될 내세의 위로를 갈망하고, 그 소망의 빛 안에서 현세를 봅니다. 그래서 그들은 그 빛 아래서 살아갑니다. 그들이 잠시 머무는 이 세상에서 나그네로 자처하고, 담대히 이 세상이 자신들의 집이 아니라고 말할 수 있는 이유도 그것 때문입니다.

이 세상에서 우리는 수많은 위로와 하나님의 사랑을 경험하면서 삽니다. 우리가 살아온 인생의 모든 발자취가 그분의 위로로 점철되었습니다. 슬픔과 괴로움, 사랑하는 사람들과의 이별, 성화의 길을 걷는 고단함, 사명을 감당하기 위한 분투함 가운데 하나님의 위로가 없었다면, 우리는 이 고단한 인생길에서 오래 전에 엎드러졌을 것입니다.

우리는 늘 넘어지고 깨어지는 연약한 인간들입니다. 위대한 성도는 이 땅에 없습니다. 성도라는 말 자체가 이미 하나님의 은혜와 사랑으로 선 자라는 의미이기 때문입니다. 그래서 누군가가 이 세상에서 탁월한 올곧음 속에서 주님을 섬기고 이 땅에 하나님의 나라가 회복되는 일에 크게 기여하였다면, 영광 받으실 분은 시시때때로 그를 위로하시고 힘주신 하나님이십니다. 그는 하나님의 위로의 샘물을 마시고 힘주는 떡을 먹은 후 새로운 힘을 얻어 하나님을 섬기며 살아온 것입니다. 그러므로 이제까지 지내온 것도 하나님의 크신 은혜이며, 또 장차 본향에 이르는 길도 그분의 은혜로써 끝까지 걸어갈 수 있을 것입니다.

이처럼 성도가 이 세상에서 맛본 위로의 즐거움은 말할 수 없이 소중한 것이며, 그 신령한 위로와 기쁨 없이는 이 세상을 살 수 없습니다. 설령 어떤 성도가 은혜를 받고 하나님을 향한 갈망으로 그 마음이 가득 찼다 할지라도, 그것을 오랫동안 유지할 수 있는 선한 자원이 우리 안에는 없습니다. 그래서 날마다 도우시는 하나님의 은혜가 필요합니다.

그럼에도 불구하고 이 땅에서 맛보는 모든 위로와 신령한 기쁨들은 하늘나라에서 맛보게 될 영원한 기쁨과 즐거움에 비하면 그림자와 같은 것입니다. 그러니 어찌 하나님의 영광을 갈망하는 성도들이 이 세상에 모든 소망을 둘 수 있으며 이 세상에서 얻는 유익을 가장 큰 것으로 여길 수 있겠습니까.

하나님께서는 고단한 순례의 길에서 우리가 얼마나 연약한지 너무나 잘 아십니다. 그래서 하나님께서는 우리를 이끄실 때 노예나 짐승처럼 다루지 않으시고, 우리를 설복하시고 은혜를 맛보게 하심으로써 당신이 부르신 목적과 계획을 따라 살게 하십니다.

그러므로 모든 진실한 성도들은 자신의 삶이 이처럼 하나님의 영광을 위한 목적에 고정되어 있는지 다시 한번 살펴보아야 합니다. 이렇게 인생의 목표가 확정되는 일 없이 은혜를 구하는 것은 의미가 없습니다. 그것은 단지 자기만족을 위해 구하는 은혜일 뿐입니다.

하나님께서는 우리의 사역에 복을 주시고, 우리의 섬김을 축복하시며, 우리의 영혼에 은혜를 부으심으로, 우리 안에 이루어진 하나님의 통치가 이 세상에 실현되기를 갈망하며 살게 하십니다. 우리에게는 많은 은혜가 필요합니다. 하늘을 열고 부어 주시는 더 크고 놀라운 하나님의 사랑, 그 은혜의 경험들이 필요합니다. 물 붓듯 부어지는 은혜와 긍휼, 죄인들을 돌아오게 하시는 하나님의 사랑에 사로잡힌 성도들이 필요합니다.

그러나 우리가 일생을 무엇을 위해서 살아야 할지 인생의 목적이 정해지지 않은 사람들이라면 이렇게 부어 주시는 하나님의 축복과 자원들은 마치 항로 잃은 배에 주입되는 연료와 같은 것입니다. 갈 바를 모르는 배에 부어진 기름과 보급품이 배의 항해를 계속하게 할 수는 있어도 항로를 다시 잡게 만들어 주지는 못하는 것과 같은 것입니다.

4장

신자의 내적 생명과 거룩한 삶

4장 | 신자의 내적 생명과 거룩한 삶

I. 신자의 내적 생명

A. 하나님과 동행함의 세 요건

신자가 하나님과 동행하기 위해서는 최소한 세 가지 요건을 갖추어야 합니다.

첫째로, 하나님과의 평화의 합치입니다. 신자가 하나님과 온전한 평화를 누리고 자신의 삶과 세상을 바라봄에 있어 하나님과 합치된 시야를 갖는 것은 하나님과 동행하는 삶의 핵심입니다.

둘째로, 목표의 하나 됨입니다. 하나님께서 이 세상을 향하여 가지고 계신 목표와 신자가 이 세상을 살면서 성취하고자 하는 목표가 하나 되는 것은, 하나님께서 이 세상을 창조하셨을 때 기대하셨던 선한 상태로 회복되는 것입니다. 그리고 그것은 곧 하나님의 영광이 나타나는 것입니다.[11]

셋째로, 그 사람 안에 이런 삶을 살 수 있는 새 생명의 원리가 심겨지는 것입니다. 진정으로 거듭남으로 하나님의 선하신 계획을 따라 살려는 새로운 영적 생명의 원리가 심겨진 신자만이 하나님의 영광을 갈망할 수 있기 때문입니다. 이것은 하나님과 동행하는 삶에 있어서 가장 기본적인 전제입니다.[12]

---

[11] 하나님께서는 당신 자신의 영광을 위하여 이 세상을 창조하셨고, 이 세상은 하나님의 영광을 더욱 드러내기 위해 존재한다. 그래서 하나님의 창조 사역은 완성된 사역이지만 그분의 보존과 유지를 통해 창조시에 드러났던 영광보다 더 큰 영광을 드러내게 될 개연성을 가지고 있다. 그러므로 우리는 하나님께서 창조하신 원 창조세계의 영광뿐 아니라 인간의 섬김을 통해 창조세계가 드러낼 점증하는 영광을 함께 고려하며 창조를 이해하여야 한다. 하나님의 영광은 천지창조의 원인론적인 동기이자 목적론적인 동기이기도 하다. 이에 관해서는 다음 책을 참고할 것, 김남준, 「구원과 하나님의 계획」, (서울; 부흥과개혁사, 2004), pp. 19-22.

[12] 물론 진정으로 거듭난 성도들도 은혜에서 부패하고 죄가 번성함으로써 하나님의 영광을 위하여 살지 못하는 때가 있다. 오히려 하나님을 대적하는 죄를 짓고 마음이 강퍅해질 때가 있는 것이다. 그러나 그것은 일시적인 현상일 뿐이다. 그가 진정으로 거듭난 사람이라면, 그는 영원히 그렇게 살 수는 없으며, 또 그렇게 자기사랑에 빠져 사는 삶으로는 절대로 만족할 수 없다. 그는 불순종과 죄 가운데서도 결국은 다시 하나님의 창조의 목적을 따라 살고자 하는 경향을 회복하게 될 것이고, 무엇으로도 그것을 이길 수 없을 것이다. 죄가 잠시 이기는 것 같으나 결국은 은혜의 통치를 이길 수 없다. 신자들이 자신의 죄를 진실하게 참회하며 하나님께로 돌아오는 것도 바로 이런 이유 때문이다.

B. 최초 회심의 중요성

신자가 이처럼 참으로 거듭나고 새 생명의 원리가 그 안에 심겨지는 것은 하나님의 영광을 위하는 삶에 있어서 가장 기본적인 전제 조건이 됩니다. 거듭나고 새 생명의 원리가 심겨지는 것은 그 사람 안에 성령께서 내주하시는 것을 의미합니다. 이렇게 될 때 신자는 예전과는 전혀 다른 차원의 내적 삶을 살게 됩니다.

예전에는 죽어 있는 영혼의 상태에서 단지 육체로만 살았습니다. 살아 있으나 사실은 죽은 상태였던 것입니다. 영혼이 죽어 있다는 것은 최소한 다음 세 가지 사실을 내포합니다.[13]

첫째는 영적 생명의 요소가 결핍되어 있거나 제거된 상태입니다. 둘째는 모든 영적인 것과 신령한 작용에 대해 배타적이거나 그러한 작용들이 결핍되어 있는 상태입니다. 셋째는 영적인 활동을 실행할 수 있는 능력이 전혀 없는 상태입니다. 따라서 중생하지 못한 사람들 속에는 영적인 생명의 요소가 없습니다. 하나님을 위해 살 수 있는 능력도 없고 그 영광을 위하여 주어진 의무를 감당할 힘도 없습니다.

그래서 거듭나지 못한 사람은 죄에 대해서는 살아 있지만 하나

---

[13] 김남준, 「구원과 하나님의 계획」, (서울: 부흥과개혁사, 2004), p. 37.

님에 대해서는 죽어 있는 자입니다. 하나님께서 그를 거듭나게 하시고 새 생명의 원리와 경향을 그 사람 안에 심으셔야만, 비로소 하나님의 영광을 위한 삶을 실행할 수 있는 것입니다.

그러므로 하나님의 영광을 위하여 살아야 할 성도의 내적 생활은 이 세상이 아닌 다른 세상으로부터 오는 위로로 가득 찬 생활이어야 합니다. 그럼으로써 신자는 이 세상에 살고 있으나 순례자로 자처할 수 있고, 그렇게 함으로써만 하나님과 동행할 수 있습니다.

신자가 이 세상을 사랑하지 않을 수 있는 내적 원천도, 끊임없이 계속되는 자기사랑을 못 박는 것도, 다른 세상에서 오는 위로를 통해서입니다. 그래서 존 칼빈(John Calvin)은 신자가 이 세상에서 자신 안에 있는 죄를 죽이는 가장 중요한 비결 중 하나가 내세를 묵상하는 것이라고 하였습니다.

하나님의 영광이 창조세계에 가득 차도록 헌신하는 삶과 현세에 대한 자기중심적 사랑은 양립할 수가 없습니다. 하나님의 영광을 위하여 살고자 하는 신자들에게 끊임없는 자기부인이 필요한 것도 바로 이 때문입니다. 소극적으로는 부당한 자기사랑을 십자가에 못 박는 일이며, 적극적으로는 자신 안에 있는 자기사랑을 버리고 이웃을 자신의 몸과 같이 사랑하는 자기부인의 삶이 필요한 것입니다. 그렇게 함으로써 신자는 부당한 자기사랑을 정죄하고 처벌하여 하나님의 영광을 위해 살 수 있습니다. 이것은 자기부인의 경험이며, 이러한 내적 경험의 핵심에는 예수 그리스도의 십자가가 있습니다.

하나님의 영광을 위하여 사는 모든 그리스도인들은 자신이 누구인지를 정확히 아는 사람들입니다. 그들은 자기가 하나님의 창조세계를 더럽힌 장본인이며, 그 죄는 영원한 진노의 형벌을 받아 마땅한 것임을 압니다. 그리고 아무 희망 없이 하나님의 심판 아래 놓여 있는 비참한 죄인을 위해 그리스도께서 십자가에 못 박히셨고, 그 피로 자신의 죄를 용서해 주셨기 때문에 이제 자신의 존재와 이후의 모든 삶이 오직 그분의 것이라고 믿습니다. 이것은 한 인간이 이 세상에 태어나 창조의 목적에 부합하는 참된 인간이 되고 하나님의 영광을 위하여 살 수 있게 되는 기본 전제입니다.

C. 이후 성화의 중요성

그러나 하나님의 영광을 위하여 살기 위한 성도의 내적인 생활은 여기에서 그치지 않습니다. 단지 하늘의 생명을 부여받은 것으로 충분치 않고, 그 내적 생명은 날마다 강건하게 성장하여야 합니다. 이를 위하여 신자는 다음 두 가지를 힘씀으로써 지속적으로 하나님의 영광을 위하여 살아가게 되는 것입니다.

1. 은혜 살림

첫째는 자기 안에 있는 은혜를 살리는 일입니다. 하나님께서 성령을 통하여 신자 안에 주시는 영적 은혜는 그가 창조의 목적을 따라 하나님의 선을 추구하며 살게 만들어 줍니다. 은혜의 경향성과 창조의 목적은 일치를 이룹니다. 하나님의 창조 목적을 따라 살아가는 미덕의 삶은 바로 하나님께서 신자 안에 주신 은혜로써만 가능해지는 것입니다.

그러므로 하나님의 영광을 위하여 살고자 하는 모든 신자들은 자기 안에 주신 새 생명의 원리가 더욱 풍성하게 되도록 자기 안에 있는 은혜의 증진에 힘써야 합니다. 하나님께서 중생한 신자 안에 두신 영적인 은혜는 세상 끝날까지 결코 완전히 작용을 멈추거나 소멸하는 일이 없습니다. 그러나 이 은혜는 신자가 하나님의 말씀과 영적 생명의 본성을 따라 살 때 성장하고 번성하게 됩니다.

신자 안에 신령한 은혜가 성장하고 번성할수록 그의 내면세계는 더욱더 하나님의 통치로 가득하게 되고, 그렇게 될수록 신자의 마음은 하나님의 영광을 위해 살려는 틀을 갖게 됩니다. 그리고 그 은혜의 힘으로 하나님의 영광을 추구하며 사는 신자의 올곧은 길에 나타나는 수많은 장애와 어려움들을 극복하게 되는 것입니다.

하나님의 영광에 대한 전망을 자기사랑보다 소중하게 여기고, 자기가 이 세상에서 번영하고 행복해지는 것보다 하나님의 이름이 존귀하게 여김을 받는 것을 갈망하게 되는 것도, 하나님께서 중생과 함께 신자 안에 심어 주신 성령의 은혜가 계속 성장하고 번성함으로써 가능한 것입니다.

그러므로 오늘날과 같이 신앙의 영적인 특성을 무시하고 하나님의 영광을 위하여 살아야 할 신자의 의무를 하찮게 생각하는 시대에는, 더 더욱 신자의 내적 생활이 진지하게 탐구되어야 합니다. 그래서 신자의 내면의 생활이 하늘의 신령한 은혜로 가득 차게 될 때 그의 외적 삶은 하나님의 영광을 위한 실제적인 생활로 세상 한가운데 드러나게 됩니다.

2. 죄 죽임

둘째는 자기 안에 죄를 죽이는 일입니다. 죄 죽임이란, 신자 안에 남아 있는 옛 사람의 성품인 죄의 경향성을 죽이는 것을 의미합니다. 여기서 죽인다는 것은 죄가 가지고 있는 힘과 생기, 활력 등을 제거함으로써 그것이 인간을 악한 행위로 이끌 수 없는 상태로 만드는 것을 가리킵니다.[14]

첫째로 신자가 하나님의 영광을 위하여 살고자 하는 동기가 죄를 죽임으로서 유지되기 때문입니다. 신자 안에 번성하는 은혜는 하나님의 영광을 위하여 살고자 하는 동기인 동시에 내적인 활력을 주는 요인이 됩니다. 그러나 죄 자체가 하나님의 창조의 목적을 거스르며 살고자 하는 악을 지향하기 때문에 죄 죽임 없이는 은혜 살림도 없는 것입니다.

그러면 이런 질문이 제기될 것입니다. "하나님의 은혜가 신자들의 마음 안에 있는데도 여전히 죄가 있을 수 있는가?" 대답은 그럴 수 있다는 것입니다. 신자 안에서 죄의 절대적인 지배는 종

---

[14] John Owen, *Of the Mortification of Sin in Believers; the necessity, nature, and means of it; with a resolution of sundry cases of conscience thereunto belonging*, in *The Works of John Owen*, vol. 6, edited by William H. Goold, (Edinburgh; The Banner of Truth Trust, 1991 reprinting), pp.8-9.

식되었으나 그 영향력은 남아 있습니다. 그리고 강력한 힘을 가지고 있든지 쇠약해졌든지 죄의 본질에는 어떠한 변화도 일어나지 않았습니다. 죄의 본질은 바로 하나님을 향한 적의입니다. 이것은 하나님을 향한 반감이고, 대적으로 나타나며, 끊임없이 담대함과 맹렬함과 광기로 역사합니다.

따라서 죄 죽임 없이는 주어지는 하나님의 은혜가 풍성하게 자라고 성장할 수 없는 것입니다. 신자에게 죄를 죽이는 열심이 없다면, 그 영혼 안에 있는 많은 은혜들은 죄를 억제하는 데 소진될 뿐, 그로 하나님의 영광을 위하여 살게 하는 활기를 부여하지 못합니다.

둘째로 죄 죽임을 통해 하나님의 영광을 위해 사는 삶에 필요한 영적인 힘과 활기를 얻을 수 있기 때문입니다. 성경은 말합니다. "너희가 육신대로 살면 반드시 죽을 것이로되 영으로써 몸의 행실을 죽이면 살리니"(롬 8:13).

신자에게는 자기 안에 남아 있는 죄를 죽여야 할 의무가 있는데, 이 의무를 지킬 때 생명이 약속으로 주어진다는 것입니다. 이 생명은 신자 안에 있는 새 생명의 존재와 본질에 대한 것을 말하는 것이 아니라, 신자 안에 있는 새 생명으로 말미암는 기쁨과 위로, 영적 힘, 활기를 가리키는 것입니다.

신자가 이렇게 죄를 죽여야 하는 이유는 신자 안에 죄가 늘 있고, 또한 신자 안에서 역사하고 있기 때문입니다. 오늘날 우리는 자신의 죄를 단지 어쩔 수 없는 인간적인 연약함의 자연스러운 결과이거나, 자신도 어찌할 수 없는 자기 안에 있는 악한 경향성 때문에 입게 된 피해 정도로 생각하는 경향이 있습니다. 이는 원죄와 신자 자신 안에 있는 죄를 부인하고 인간의 육욕에 대한 하나님의 율법의 정신을 희석시킴으로써 죄 죽임의 필요성을 실제적으로 부인하는 것입니다.

아아, 이 사람들은 모두 신자 안에 있는 예수 그리스도의 생명에 대하여 무지한 사람들입니다. 그들은 신자가 죄를 죽임으로 하나님의 영광을 위한 실제적인 삶을 살게 된다는 사실을 부인함으로써, 그리스도의 의가 아닌 또 다른 인간적인 의를 고안해 내고 그것으로써 인생을 사는 사람들입니다. 그러나 그들이 무엇을 행하며 살든지, 그로 인하여 이 세상에 있는 많은 사람을 어떻게 감동시키든지, 그것은 하나님의 생명으로부터 온 것이 아닙니다.

그리스도 안에서 새로운 피조물이 된 신자가 끊임없이 창조의 목적을 따라 살고 그분의 이름의 영광을 위하여 살기 위해서는 바로 이러한 죄 죽임이 끊임없이 실천되어야 합니다. 그리고 이러한 일의 실천을 통해 신자의 속사람은 날마다 새롭게 됩니다.

그래서 그리스도 안에서 새롭게 된 피조물은 또한 죄 죽임을 통해 날마다 새롭게 됨으로써, 받은 바 은혜의 소명에 따라 하나님의 영광을 위하여 살 수 있게 되는 것입니다.

II. 거룩한 삶과 내적 생명

이와 같이 하나님과 동행하는 성도는 하나님과 평화를 누리며, 하나님의 영광을 위한 갈망 속에서 살아갑니다. 하나님과의 평화가 그분과 동행하는 신자의 내면세계를 우선적으로 보여준다면, 하나님의 영광을 갈망하며 사는 거룩한 생활은 하나님과의 평화가 가져다 준 외적 삶의 열매입니다.

A. 거룩한 삶의 뿌리인 내적 생명

신자의 내적 생명의 원리는 외적인 삶의 열매를 가져오는 데 필수불가결한 것입니다. 따라서 참된 신자가 하나님과 동행하는 삶을 누리기 위해서는 내적인 은혜의 원리에 대해 깊이 이해할 뿐 아니라 실제적으로 그것들을 경험해야 합니다.

그렇게 함으로써 신자는 그러한 목표를 따라 살 수 있는 은혜의 자원들을 자기 안에 소유하게 됩니다. 하나님께서 신자에게 원하시는 삶은 외적으로만 순종하는 것이 아닙니다. 하나님께서는 신자가 먼저 자기 안에 하나님의 은혜의 통치를 누리고, 그것으로 인하여 즐거워하기를 원하십니다. 이러한 행복을 안 사람으로서 하나님의 이름이 영광을 받지 못하는 세상에서 하나님을 섬기길 원하시는 것입니다.

그러므로 신자 안에 주어지는 은혜야말로 모든 하나님의 계명에 순종하기에 적합하도록 만들어 주는 원천이 됩니다. 하나님께서 창조하신 세상은 죄로 망가졌으나 하나님께서는 그것을 고치고 싶어하십니다. 그리고 세상을 그렇게 고치는 일에 헌신하는 것은 결코 쉬운 일이 아닙니다. 더욱이 그 헌신을 오래도록 계속하고 그 일에 자신을 바쳤던 최초의 마음을 유지하는 것은 결코 쉬운 일이 아닙니다. 자기 안에 있는 부패한 성품으로 말미암는 타락한 변화와 또 그러한 목표를 따라 살아갈 때 만나게 되는 많은 고난과 시련 때문입니다.

따라서 신자는 이 모든 것을 이기고 극복할 수 있는 내적 자원과 지혜, 그리고 자신이 지향하는 목표에 대해 물러서지 않는 거룩한 단호함 등을 소유하지 않으면 일생동안 올곧게 하나님의 이름의 영광을 위하여 살 수 없습니다.

그래서 구원받은 하나님의 자녀가 이 세상을 아무렇게나 살아가기 위해서는 아무것도 힘쓰고 애쓸 일이 없지만, 참된 성도로서 하나님과 동행하는 삶을 살기 위해서는 자신과 세상과 하나님을 아는 풍부한 지식이 필요합니다. 그리고 그 모든 지식들은 오직 성경과 성경에 기초한 복음교리들을 숙고하고 자신의 삶에 적용하는 데서 획득됩니다.

B. 거룩한 삶의 열매로서의 도덕

오늘날 많은 사람들은 그리스도인의 삶의 비밀에 대해 한탄스러울 정도로 무지합니다. 인간의 본성에 호소함으로 말미암아 영혼의 진정한 변화 없이 나타나는 생활과, 신자 안에 성령께서 은혜로 역사하심으로 이루어지는 삶의 열매 사이를 분간하지 못하는 그리스도인들이 너무나 많이 있습니다. 본성적인 자기깨어짐과 신령한 자기깨어짐의 차이를 구별하지 못하는 그리스도인들이 많은 것처럼 말입니다. 그러나 이것은 하나님께서 성도에게 기대하시는 삶이 아닙니다.

　인간 본성을 길들여 하나님의 계명에 부합하는 삶을 산다 할지라도, 그것은 기껏해야 성공하면 외식하는 바리새인의 삶을 산출할 뿐입니다. 그들이 본성에 호소된 종교적 촉구를 통해 모든 도덕적 의무를 수행한다 할지라도, 하나님과 동행하는 삶을 살 수 없을 것은 너무나 분명합니다.

　하나님께서 동행해 주시는 사람들은 영혼의 본질적인 변화를 통해 내면세계가 바뀐 사람들입니다. 하나님을 사랑하지 않던 사람들이 하나님만 사랑하게 되고, 자기사랑을 인생의 목표로 생각했던 사람들이 십자가를 사랑하게 되는 것입니다. 그렇게 함으로써 신자는 단순한 도덕적 의무감에서 비롯된 복종하는 삶이 아니라 하나님을 향한 사랑이 동기가 되어 그분의 모든 계명에 순종하게 됩니다.

　따라서 성도의 도덕적인 삶의 열매는 항상 자신의 존재와 인격의 변화를 동반합니다. 그래서 그렇게 하나님을 섬김으로써 그분의 영광을 드러내면 드러낼수록, 더욱 그리스도를 닮아가게 되는 것입니다. 그런 방식의 삶을 살아가는 성도들에게 도덕적인 삶의 열매들은 도덕 자체를 추구하는 생활의 열매가 아니라, 주님의 거룩한 성품을 본받아 그분이 원하시는 삶을 살아가는 거룩함을 추구한 결과입니다.

　오늘날은 너무나 많은 그리스도인들이 거룩함을 추구한 결과로서의 도덕적인 삶을, 도덕 자체를 추구하면 얻을 수 있게 되는 도덕적인 삶과 같은 것으로 생각합니다. 그러나 신자의 모든 도덕적인 삶은 마땅히, 하나님 앞에서 추구한 거룩한 생활의 열매여야 합니다.15) 하나님의 은혜로 말미암는 진정한 내적 변화가 없는 성도들을 도덕적 의무로 내몰고, 심지어 거듭나지도 않은

---

15) 모든 거룩함의 뿌리는 복음교리이며, 모든 도덕적인 삶은 거기에서 비롯되는 열매이다. 그런데 이처럼 복음에 의한 인간 본성의 참다운 변화를 통하여 하나님을 사랑하게 되고, 그 사랑 때문에 자기사랑에서 비롯된 인생의 목표와 가치들을 버리게 된다. 이 때 신자는 하나님께 온전히 순종하는 삶을 살아가기를 갈망하게 되고, 그러한 순종의 삶의 지침은 성경에 나타나는 많은 계명들이 제공한다. 그리고 계명에 순종하는 삶은 세상을 창조하신 하나님의 목적과 계획을 성취해 드리도록 이바지하게 된다. 왜냐하면 성경에 계시된 하나님의 모든 계명에 순종하고자 하는 삶은 결국 이 세상을 창조하시고 우리를 구속하신 궁극적인 계획에 이바지하는 삶이 될 것이기 때문이다. 이것이 바로 최종적 선을 지향하는 참된 미덕의 삶이다. 그러나 이 모든 일들 한가운데에는 반드시 복음으로 말미암는 참된 변화가 있게 마련이다. 그리고 그것이 바로 신자의 거룩함과 거룩한 삶의 뿌리가 되는 것이다. 그것이 아닌 다른 이념적 동기에서 비롯된 도덕적 삶은 외관상으로는 거룩한 삶의 열매인 도덕성과 유사하나 하나님 사랑에서 비롯된 것이 아니라 자기사랑의 또 다른 발로이다. 그러므로 그것은 하나님께서 세상을 창조하신 계획과 목적을 성취하는 데 직접적으로 이바지하지 못한다. 이에 대해 조나단 에드워즈(Jonathan Edwards)는 다음과 같이 말한다. "어떤 존재나 사물들이 본성적 애정이나 기타 수단들에 의해 어떤 개인들이나 개인적 가치인식 체계에 이르기까지만 마음의 호의를 지니고 결정하게 된다면 그 체계가 아무리 크고 아무리 많은 수의 개인을 포괄한다 해도, 그것은 단지 우주적 존재의 무한히 작은 부분만을 포함하고 있는 것이며, 이 거대하고 우주적인 가치 체계를 담고 있지 않는 한, 온 우주의 일반적인 가치가 되시는 하나님께 대한 호의로부터 나오거나 거기에 복속되지 않은 이러한 제한된 개인의 선은 참된 미덕의 본질을 지닐 수 없다." Jonathan Edwards, *The Nature of True Virtue*, in *The Works of Jonathan Edwards*, vol. 8, edited by Paul Ramsey, (New Haven; Yale University Press, 1987), p. 602; 김남준, 「구원과 하나님의 계획」 (서울; 부흥과개혁사, 2004), pp. 23-29.

교인들을 도덕적인 삶을 살도록 떠밂으로써 그들이 하나님을 위하여 살아갈 수 있다고 생각하는 것은, 사람들을 단지 이념의 머슴으로 만드는 것입니다. 거기에 하나님과 동행하는 삶의 비밀이 있을 수 없습니다.

하나님과 동행하는 사람들만이 누릴 수 있는 독특한 삶의 질이 그들 안에 있을 리가 없습니다. 그들이 어떻게 이러한 신비한 비밀들을 이해할 수 있겠으며, 복음이 가져다주는 거룩한 변화와 기이한 능력을 내면과 외적 삶 속에서 분별해 낼 수 있겠습니까?

하나님과 동행하는 성도의 삶의 자원이 되는 내적 생명은 반드시 열매를 맺게 됩니다. 그리고 열매 맺는 생활은 그 실천의 과정을 통해 신자 자신의 내면세계를 더욱 거룩하게 하는 쇄신의 작용이 있습니다. 그래서 하나님과 동행하는 참된 신자의 삶의 질은 거룩한 내적 생명의 은혜와 거기에서 비롯되는 외적인 인격과 삶의 열매가 나누어지지 않고 신령한 방식으로 순환적으로 작용합니다.

이는 마치 청교도 신학자 존 오웬이 신자 안에 있는 죄를 죽이는 중요한 비결 중 하나가 개별적인 의무를 이행함에 있어 믿음으로 행하는 것이라고 말했던 것과 비슷한 이치입니다. 다시 말해서, 죽여야 할 죄는 신자 안에 있고 개별적 의무의 실천은 외적 생활에 속한 것이지만, 올바른 방식으로 자신의 마음을 하나님께 드리며 의무 실천의 동기를 기억하고 그 목표를 마음에 두며, 하나님 앞에서 자신을 드리는 심정으로 섬길 때, 그러한 의무의 실천은 단지 외면적 행동이 아닌 내적 마음에 뿌리를 둔 영적이고 정신적인 작용인 것입니다.

따라서 이러한 행동 방식이 그의 내면세계에 영향을 줄 것은 너무나 자명합니다. 더욱이 이러한 의무의 실천 과정에서 그것을 온전히 성취함으로 자기의 실천을 통해 영광 받으실 하나님을 기억하며 그분의 은혜를 사모할 때, 성령께서는 그 마음에 역사하십니다. 성령의 넘치는 은혜와 부으시는 기쁨은 일 위에 부어지는 것이 아닙니다. 성령의 기름 부으심은 제도나 차가운 수단이 아니라 거기에 종사하는 사람 위에 부어지는 것입니다.

그러한 믿음의 방식으로 하나님을 사랑하며 개별적인 의무를 이행하려는 사람들을 바라보시는 하나님의 마음은 어떠시겠습니까? 하나님께서는 개별적인 의무 이행의 현장에서 그들이 하나님을 사랑하고 자기에게 주신 소명을 따라 살고 싶어하는 열망을 보십니다. 그리고 반드시 그렇게 당신을 사랑하고 믿음으로 행하려는 그들을 기뻐하신다는 사실을 보여 주십니다. 그것은 성령의 은혜 주심으로 나타납니다. 그래서 하나님과 동행하는 사람들은 누구도 예외 없이 성령의 사람이었습니다.

하나님께서는 그들에게 성령을 주심으로써 그들이 자신이 하고 있는 고유한 의무에 대하여 유능한 자가 되게 하셨으며, 성령의 은혜로 그들과 직접 교통하시고 말할 수 없는 친교의 기쁨을 주심으로써 당신 자신께 붙어 있고, 순종하며 섬기게 하셨습니다. 그러므로 하나님을 섬길수록 그들은 더 많이 창조의 목적을 따라 순종하며 살게 하는 하나님의 은혜의 세계의 비밀과 그러한 은혜가 필요한 자기 자신의 내적 세계에 대해 잘 알게 됩니다.

하나님을 아는 지식의 은혜에 있어서 하나님의 이러한 방법은 이미 예수 그리스도에 의해 충분히 계시 되었습니다. 하나님을 사랑하는 신자의 내적 생명과 하나님의 계명에 순종하며 살아가는 신자의 실제적인 삶은 분리되지 않으며, 그러한 삶을 실천하는 과정에서 우리의 비밀이신 그리스도에 대해 더 많이 알게 된다는 사실을 가슴에 새길 필요가 있습니다. "나의 계명을 가지고 지키는 자라야 나를 사랑하는 자니 나를 사랑하는 자는 내 아버지께 사랑을 받을 것이요 나도 그를 사랑하여 그에게 나를 나타내리라"(요14:21).

5장

내적 생명의 열매인 외적 삶

5장 | 내적 생명의 열매인 외적 삶

　하나님과 동행하는 성도의 삶의 자원이 되는 내적 생명은 최소한 다음 세 가지 열매를 맺게 됩니다.

　첫째는 순종하는 생활의 열매입니다. 이것은 하나님과의 평화에서 비롯됩니다. 둘째는 헌신하는 생활입니다. 이것은 자신의 인생의 목표와 창조주 하나님의 목표가 하나 되는 데서 비롯됩니다. 셋째로 그리스도를 닮은 인격입니다. 이것은 그리스도와의 친교에서 비롯됩니다. 이제 이것을 하나씩 차례대로 살펴보도록 하겠습니다.

Ⅰ. 순종하는 생활 : 하나님과의 평화에서 비롯됨

첫째로 순종하는 생활의 열매입니다. 하나님과 동행하는 신자의 삶의 실제적인 특징은 온전한 순종입니다. 우리는 여기서 신자가 절대적인 의미에서 하나님께 완전히 순종할 수 있다는 허탄한 이야기를 하려는 것이 아닙니다. 사람은 결코 절대적인 의미에서 하나님께 완전히 순종할 수 없습니다.

하나님께서 신자에게 원하시는 것은 절대적인 의미에서의 완전한 순종이 아닙니다. 하나님께서 동행하셨던 사람들 역시 그렇게 완전한 순종의 삶을 살아가던 사람들은 아니었습니다. 그러나 하나님과 동행하는 신자의 삶의 특징은 완전한 순종이 가능하다는 사실을 믿지 않지만 그렇게 살아가기를 간절히 바라는 갈망이 있다는 것입니다. 이에 대해서 사도 바울은 이렇게 말합니다. "내가 이미 얻었다 함도 아니요 온전히 이루었다 함도 아니라 오직 내가 그리스도 예수께 잡힌 바 된 그것을 잡으려고 좇아가노라"(빌 3:12).

하나님과 동행하는 신자의 삶의 열매가 순종하는 삶이라고 할 때, 그것은 하나님과의 평화에서 비롯되는 것입니다. 하나님과 동행하는 신자가 하나님과 평화 속에서 합치된 마음으로 살아간다는 사실은 분명합니다. 그런데 이러한 하나님과의 평화는 신자에게 하나님 앞에서 온전한 순종의 삶을 향한 갈망을 갖게 한다는 것입니다.

하나님과의 평화의 핵심은 하나님께로부터 받는 사랑의 경험입니다. 신자가 하나님의 사랑을 알게 되는 방식은 크게 두 가지입니다.

첫째는 개념적이고 일반적인 방식으로 아는 것입니다. 이것은 본인의 체험과는 상관없이 하나님의 말씀을 통해, 혹은 이성적 추론에 의해 사랑을 아는 것입니다. 하나님께서 세상을 사랑하신다는 것과 그 사랑을 받는 것이 좋은 것이라는 사실을 아는 것입니다. 둘째는 체험적이고 개인적인 방식으로 아는 것입니다. 이것은 하나님의 말씀을 통해 하나님의 사랑을 자신이 직접 체험하는 것입니다. 단순한 이성적 추론을 넘어서 하나님의 사랑을 경험하고 그분의 선하심과 자기를 향한 사랑에 대해 피 어린 확신을 갖게 되는 것입니다.

하나님과 동행하는 신자는 이처럼 하나님께 사랑을 받는 경험 속에서 살아가는 사람입니다. 하나님께 사랑을 받는 것, 그리고 그에 대한 반응으로서 하나님을 전심으로 사랑하는 것, 이것이 하나님과의 평화 속에서 살아가는 신자의 삶입니다. 순종하는 삶은 바로 이런 사랑의 관계에서 흘러나오는 것입니다.

하나님께 받는 사랑의 경험은 언약관계에 기초하고 있습니다. 그리고 이 언약관계 안에서 하나님께서 신자에게 베푸시는 사랑과 은혜들은 필연적으로 언약관계가 부여하는 의무에 충실할 것을 요구합니다. 따라서 언약관계에 충실하지 않거나 의무에서 이탈하여 배반하는 삶을 살게 될 때, 신자는 이내 하나님으로부터 오는 신령한 사랑의 내적 경험들을 상실하게 됩니다.

하나님께서는 그런 사람들에게도 즉각적으로 당신의 진노를 보이시지 않으시고 오히려 오래 참으시며 기다리시기 때문에 외적인 삶의 환경에는 커다란 변화가 없지만, 내적으로는 하나님과의 평화가 파괴되고 거기에서 하나님과의 거리감과 낯섦이 생겨나게 됩니다. 그리고 그러한 거리감과 낯섦은 하나님과 평화를 누리며 살아가는 성도의 내적 생활과 부합할 수 없는 것입니다.

순종은 온전한 하나님과의 평화를 유지하도록 하나님께서 지정하시고 신자에게 부여하신 의무를 따르는 것입니다. 그러므로 순종하는 삶의 실천을 통해 하나님과의 평화를 지속하고자 하는 마음의 진실한 소원이 입증된다는 사실은 자명합니다. 그래서 예수 그리스도께서는 당신을 사랑하는 것과 당신의 명령에 순종하는 것이 나누어지지 않는다고 분명히 말씀하셨습니다. "예수께서 대답하여 가라사대 사람이 나를 사랑하면 내 말을 지키리니 내 아버지께서 저를 사랑하실 것이요……나를 사랑하지 아니하는 자는 내 말을 지키지 아니하나니……"(요 14:23-24).

이처럼 하나님과 동행하는 신자가 그분과의 평화 속에서 순종하며 사는 것은 자연스러운 것입니다. 그러나 신자의 본성 안에도 여전히 죄가 남아 있어서 하나님께 순종하는 대신 자신이 기뻐하는 바를 따라 살려는 경향이 존재합니다. 이 때 이러한 욕구를 누르고 하나님께 순종하는 것은 언약관계 안에서 신자에게 부여된 의무입니다.

따라서 신자의 순종을 말할 때 우리는 하나님의 은혜의 결과로서 자연스럽게 흘러나오는 순종의 생활과 그러한 순종의 삶을 가로막는 장애물과 싸워야 하는 분투하는 의무를 함께 생각해야 합니다. 신학적으로 잘못된 견해를 가진 어떤 사람들은 신자가 거듭나고 나면 성화에 있어서 완전해진다고 주장합니다. 이들은 성화에 있어서 완전론자들입니다. 이들은 선과 악의 차이를 분별하지 못하는 가운데 완전함을 말하는 사람들입니다.

따라서 그들이 스스로 완전하다고 말할 때, 그것은 우리가 흔히 선이라고 부르는 것들을 행함에 있어서 완전하다는 의미가 아니라, 자신이 너무나 완전하기 때문에 선이나 악이나 그들에게는 모두 같은 것이고 그러므로 완전하다는 것인데, 이는 사악하기 그지없는 비성경적인 주장입니다.

그런 사람들이 아니라 할지라도 성화에 있어서, 언약관계 안에서 주어지는 의무를 무시하는 사람들이 있습니다. 그들은 율법을 잘못 이해하고서, 의무를 이야기하는 모든 것을 율법주의라는 이름으로 거절합니다.

그러나 이러한 태도야말로 복음적인 것이 아닙니다. 이런 사람들은 하나님께 순종하는 삶이 하나님께서 주신 은혜의 결과라는 사실만 지나치게 강조한 나머지, 자신이 불순종하며 살 수밖에 없는 것은 하나님의 은혜가 자신에게 부족하기 때문이라고 생각합니다. 그리고 신자에게 은혜를 주시는 주권은 하나님께 있으니 자신도 스스로 불순종하는 삶에 대해 어찌할 수 없는 피해자라고 생각하는 것입니다. 이것은 신성모독적인 생각이 아닐 수 없습니다. 이러한 잘못된 견해는 성화의 교리에 대한 성경적인 이해가 현저히 부족한 데서 생겨납니다.

성경은 하나님의 은혜가 신자의 순종하는 삶의 원천임을 말할 뿐 아니라, 신자가 온전히 순종하고자 하는 올곧은 의지를 가지고 그것을 행사해야 한다고 가르칩니다. 그리고 신자가 불순종할 때 그 책임이 죄에게 있다거나 은혜를 더 주시지 않은 하나님께 있다고 말하지 않고, 죄에 미혹되어 불순종한 신자 자신에게 있다고 밝히 말합니다.

신자를 구원한 하나님의 은혜언약은 신자에게 자기 안에 있는 죄의 경향성을 이겨내고 하나님께 순종하며 창조의 목적을 따라 살아갈 수 있도록 그 모든 공급을 약속하고 있습니다. 그리고 하나님께서는 신자에게 주시는 내적 은혜를 통해 이러한 목적을 따라 하나님과 동행하며 살 수 있도록 모든 것을 공급해 주십니다.

그러나 은혜언약은 신자의 의지를 초월하여 신자가 그렇게 살 수 있도록 만들겠다는 어떠한 약속도 하지 않습니다. 신자가 하나님과 동행하며 그 평화 안에서 창조의 목적을 따라 사는 데 필요한 은혜와 자원들의 공급을 약속하고 있지만, 불순종하는 신자의 의지를 초월하는 신비한 영향력으로 하나님께 영광 돌리는 삶을 살게 하겠다고 약속하지는 않습니다.

그러므로 신자는 순종하는 삶을 살았을 때에는 그런 삶을 살 수 있도록 은혜와 능력을 공급해 주신 하나님께 감사해야 하지만, 불순종하였을 때에는 누구에게도 그 책임을 전가할 수 없습니다. 하나님은 물론 자기 안에 있는 죄, 혹은 마귀에게조차 그

책임을 돌릴 수가 없는 것입니다.16)

  하나님과의 평화의 핵심은 하나님께로부터 사랑을 받는 것입니다. 그리고 그 사랑의 경험 안에서 하나님을 사랑하는 것입니다. 신자에 대한 하나님의 사랑은 원천적인 사랑이고, 하나님께 대한 신자의 사랑은 그에 대한 반응적 사랑입니다. 따라서 두 사랑은 하나의 원천을 가집니다. 그러므로 하나님의 사랑을 받은 신자는 비로소 하나님을 진심으로 사랑하게 되는데, 이 사랑은 하나님뿐 아니라 하나님과 애정적 관계에 있는 모든 대상을 포

---

16) 이 같은 사실은 아담과 하와가 선악과를 따먹은 후 하나님께 형벌을 선고받는 장면에서도 잘 나타난다. 하나님께서는 "여호와 하나님이 여자에게 이르시되 네가 어찌하여 이렇게 하였느냐 여자가 가로되 뱀이 나를 꾀므로 내가 먹었나이다"(창 3:13) 라고 변명하며 자신의 타락을 뱀의 탓으로 돌리는 여자의 논리에 찬동하지 아니하시고, 아담과 하와를 심판하심으로 타락에 대한 책임을 물으셨다. 선과 악에 대한 인간의 자유의지에 관해서는 다음과 같이 요약할 수 있다. 근본적으로 타락한 이후 인간의 의지는 자유의지를 상실한 노예의지의 상태가 되었다. 하나님 앞에 선한 일을 행하고 창조의 계획과 목적을 따라 살 수 있는 의지의 자유함이 없게 되었다. 따라서 성령께서 그 노예의지 상태를 해방시켜 주시지 아니하면, 그들은 어떠한 영적인 선도 행할 수가 없다. "주의 영이 계신 곳에는 자유함이 있느니라"(고후 3:17). 그러나 인간은 죄를 지었을 때, 그것이 자신의 의지가 아니라고 변명해서는 안 된다. 따라서 인간은 하나님 앞에서 선한 삶을 사는 일에 있어서는 노예의지 상태지만, 죄를 짓는 일에 있어서는 책임져야 할 의지의 당사자라는 점이 강조되어야 한다. 이에 대해 어거스틴(Augustine of Hippo)은 다음과 같이 말한다. "의지는 부자유하다. 그러나 아무도 감히 의지의 결정을 부정함으로써 자신의 죄를 변명하려고 하지 말라." "성령께서 함께 하시지 않으면 사람의 의지는 자유롭지 못하다. 왜냐하면 욕망이 그것에 수갑을 채우고 정복하였기 때문이다." John Calvin, *Institutes of the Christian Religion*, vol. 2, translated by Henry Beveridge, (Grand Rapids; William B. Eerdmans Publishing Company, 1981 reprinting), p. 217.
17) 하나님과의 애정적 관계라는 것은 존재와 작용에 있어서 하나님께서 인정하시고 사랑하시는 관계를 가리킨다. 신자의 하나님을 향한 사랑은 하나님과 애정적 관계에 있는 모든

함합니다.17)

  이웃을 향한 사랑도 바로 이러한 맥락에서 이해하여야 합니다. 단지 고통스러운 형편 때문에, 혹은 그들을 사랑함으로 자신에게 돌아올지도 모를 어떤 이익 때문에 사랑하는 것이 아니라, 그들이 하나님과 애정적 관계에 있다는 사실 때문에 사랑하게 됩니다. 그들 안에 있는 하나님의 형상 때문에 사랑하게 되는 것입니다.

  신자가 이처럼 하나님의 원천적인 사랑에 대해 반응적인 사랑을 갖게 되면, 그 사랑은 신자 안에 있는 자기사랑의 욕구를 급격히 파괴합니다. 하나님께 받는 이러한 사랑의 경험이야말로 그릇

것들에 대한 사랑을 포괄하며, 하나님께 대한 인간의 적의 또한 하나님과 애정적 관계에 있는 모든 것들에 대한 반감과 대적을 포괄한다. 죄와 은혜 모두 이런 전 포괄적인 성격을 가지고 있다. 그러므로 인간이 하나님을 향한 참다운 사랑을 소유하고 있을 때에만 비로소 전 포괄적인 방식으로 하나님께 애정적인 관계에 있는 대상들을 사랑할 수 있으며, 그러한 사랑을 따라 행하는 신자의 미덕의 생활이 바로 창조의 원래의 목적을 회복하는 데 이바지한다. "죄에 대한 총체적인 미움과 하나님의 모든 말씀에 대한 총체적인 순종의 실천 없이는 결코 죄를 죽일 수 없다. 이는 마치 하나님을 향한 우리의 사랑이 총체적인 것과 같다. 신자가 하나님을 사랑하게 되면 그분 자신과 그분께 속한 모든 것을 사랑하게 되는 것이다. 죄와 은혜 모두 신자에게 미치는 영향은 총체적인 것이다. 신자가 범하는 모든 죄의 뿌리는 죄, 곧 하나님을 향한 적의와 반감이다. 따라서 자신이 저지른 한 가지 악에 대한 회개가 진실하다면, 같은 뿌리에서 나온 또 다른 악들에 대하여도 동일한 혐오가 있어야 한다. 자신 안에 하나님을 거역하고 은혜를 따라 살지 않고 반역하려는 근원적인 죄성 때문에 아파하고 괴로워해야 한다. 이것이 복음적인 회개이다. 신자는 이러한 복음적 회개를 통해서만 하나님의 용서를 경험하고 죄의 지배에서 벗어나게 된다. 따라서 자신의 양심에 가책을 주는 한두 가지 죄에 대해서만 몰두하고 나머지는 아무렇지 않게 생각하거나, 죄로 확인되었는데도 버리지 않은 채 그대로 붙들고 살아가는 것은 그가 명백히 죄의 지배 아래 있음을 입증하는 것이다." 김남준. 「죄와 은혜의 지배」, (서울; 생명의말씀사, 2005), p. 187.

된 자기사랑을 포기하게 하는 유일한 동인인 것입니다.

어거스틴(Augustine of Hippo)이 말한 바와 같이 자기사랑은 모든 죄의 뿌리이며, 그 자아는 부패한 옛 자아이기 때문에 하나님을 대적하는 일 없이 자기를 사랑하는 것은 불가능합니다. 더욱이 신자 안에 있는 자기사랑은 고정된 실재로 남아 있지 않고 끊임없는 죄의 욕망을 불러일으켜 구체적으로 신자의 마음 안팎에서 자기사랑을 실현하고자 합니다.

존 칼빈이 지적한 바와 같이 인간의 자기사랑은 동물과는 매우 다릅니다. 동물의 자기사랑은 단순히 자신의 생명과 종족을 보호하는 것입니다. 그러나 사람의 자기사랑은 그 이상의 고차원적인 목적을 가지고 있는데, 그것은 바로 하나님처럼 높아지고자 하는 것입니다. 그래서 자기의 행복이 자신과 우주가 존재하는 궁극적인 가치와 목표가 되는 것입니다.

성경에서 말하는 진정한 의미의 사랑은 신령한 것이며 영적인 것입니다. 이것은 본성적 사랑과는 다른 것입니다. 본성적 사랑은 아무리 이타적인 모습으로 나타나도 항상 자기사랑을 축으로 움직입니다. 인간의 본성에는 많은 작용들이 함께 존재합니다. 죄인의 내면세계의 특징은 이러한 많은 작용들이 수많은 모순율을 가지고 있다는 것입니다. 때로는 자신이 알지도 못하는 수많은 모순율 속에서 뒤엉킨 채로 살아가면서도 자신은 아주 훌륭한 논리와 사고체계를 가지고 행동하는 존재인 것처럼 생각하는 것이 죄인의 본성입니다. 그래서 본성 안에 있는 어떤 빛이 또 다른 본성의 빛을 이기거나 깨뜨릴 수 있습니다.

이 때 그 사람 안에는 자기사랑이 비록 신령한 영적 작용은 없지만 매우 도덕적인 방식으로 사람들을 사랑하고 창조세계를 향하여 깊은 애정을 가진 이타적인 모습으로 나타나기도 합니다. 그러나 이것은 자기사랑이 다른 방식으로 구현되는 것을 보여줄 뿐입니다.

하나님을 거스르며, 자기가 온 우주의 중심이고, 자신의 행복이 최고의 가치라는 생각은 본질적으로 바뀌지 않았고, 자기사랑의 본성 역시 어떠한 본질적인 변화도 오지 않았습니다. 따라서 그 사랑은 신령한 역사에 의해 죄인의 본성 자체에 본질적 변화가 일어난 결과로 나타난 것이 아닙니다. 그것은 본성적인 사랑이며 자기사랑의 또 다른 방식일 뿐입니다.

신자가 하나님께 바쳐야 할 순종은 먼저 그의 내면이 하나님께 사랑받고 또 그 하나님을 깊이 사랑하는 은혜의 결과로서의 순종이어야 합니다. 그러나 본성적 사랑은 하나님과의 평화에서 비롯된 사랑의 경험이 가져다 준 거룩함의 열매가 아닙니다. 그것들이 어느 정도 일반 은총적 차원에서 가치를 가지고 있는 것은 사실이지만, 하나님께서 신자들에게 주셔서 이 세상을 창조의 원래 목적으로 돌아가게 하시기 위하여 베푸시는 사랑의 계획과는 거리가 먼 것입니다.

그러므로 순종하는 생활은 내적 생명의 원리이며, 이는 하나님과의 평화에서 비롯되는 것입니다. 하나님과 동행하는 성도가 하나님의 사랑을 받으며 그 사랑에 사랑으로 반응하며, 그 사랑 때문에 하나님을 거슬러 소유하고 있던 인생의 계획을 포기하는 데서 이루어지는 것입니다. 하나님께 대한 온전한 사랑은 하나님 안에 있는 창조세계와 자기를 향한 모든 계획을 기꺼이 받아들이게 만드는 유일한 동인입니다. 그리고 그러한 동인 안에서 신자는 하나님을 거스르는 자기사랑에서 비롯된 모든 인생의 계획과 목표를 포기하게 됩니다. 신자의 참된 자유는 바로 여기에 있습니다.

어거스틴이 고백한 바와 같이 인간은 하나님의 계명에 온전히 순종하고자 할 때 가장 완전한 자유를 누릴 수 있는 것입니다. 바로 그 자유 안에서 하나님께서 세상을 창조하시고 자기를 구속하신 계획을 따라 사는 것, 그것이 바로 신자의 참된 행복이며 모든 인간이 살아가야 할 삶입니다.

그러므로 신자가 끊임없이 하나님 앞에 순종하는 삶을 살아서 자기의 인생 전체가 하나님께서 이루고자 하시는 선한 계획에 이바지하게 하기 위해서는 사랑의 경험이 현재적으로 유지되어야 합니다. 하나님의 사랑에 대한 현재적인 경험이 유지될 때에만 자기 안에서 생성되는 죄의 경향성들을 제거하고, 하나님의 창조와 구속의 목적에 이바지하는 삶을 살 수가 있는 것입니다. 따라서 신자가 하나님의 영광을 위하여 시종일관 올곧은 삶을 살기 위해서는 내면세계가 끊임없이 하나님의 사랑을 경험해야 합니다.

하나님을 알고 그분의 명령과 분부를 받들며 순종하는 삶을 사는 것은 구속받은 하나님의 자녀가 마땅히 살아야 할 삶입니다. 이렇게 함으로써 신자는 하나님과의 돈독한 평화 속에서 주님과 함께 동행하는 삶을 살게 됩니다. 그가 어디에 있든지 또 무엇을 하며 어떻게 살든지, 그는 자신이 있는 자리에서 망가진 세상을 고쳐 창조의 목적으로 돌아가게 하고 하나님의 영광이 그곳에 드러나도록 기여하는 사람으로 남을 것입니다.

아, 이렇게 순종하며 사는 사람의 복됨이여…….

Ⅱ. 헌신하는 생활 : 목표의 하나 됨에서 비롯됨

둘째로, 하나님과 동행하는 성도의 내적 생명의 열매는 헌신하는 생활로 나타납니다. 이는 신자가 구원의 은혜를 경험하고 하나님의 계획과 자신의 인생의 목표가 하나 됨을 경험하는 데서 비롯되는 것입니다. 순종하는 생활이 하나님의 영광을 위한 신자의 삶의 소극적 측면을 보여 준다면, 헌신하는 생활은 적극적인 측면을 보여 주는 것입니다.

A. 회심을 통한 삶의 동기의 변화

신자가 하나님의 크신 사랑을 경험하고, 자녀가 되고 나면, 하나님과의 교제 속으로 들어가게 됩니다. 자녀의 최고의 특권이라 할 수 있는 하나님과의 교제는 회심의 경험과 함께 시작됩니다. 회심은 지난날의 자기사랑 속에서 살았던 모든 삶에 대한 뉘우침이며, 그렇게 살 수밖에 없었던 자기 자신에 대한 미움을 동반합니다. 미워할 뿐 아니라 정죄하고 자기 처벌에 이르게 함으로써 옛 자아를 부정하는 것입니다.

이렇게 함으로써 신자는 자기가 가지고 있던 옛 자아의 인생의 목표를 허탄한 것으로 알고 버립니다. 이것은 외적인 목표만을 가리키는 것이 아니라 보다 근본적으로는 그러한 목표를 추구하게 하였던 동기를 가리키는 것입니다. 신자는 하나님의 사랑을 알고 난 후에도 예전에 가졌던 바 인생의 목표를 그대로 추구할 수 있습니다. 회심하기 전에 학문에 뜻을 두었던 사람이 회심한 후에도 학문에 정진하고, 사업에 뜻을 두었던 사람이 계속 그 일을 하는 것과 같습니다.

그러나 이것은 겉모양일 뿐입니다. 그들은 이제 예전에 행하던 바와 같은 동일한 동기로 그것을 행할 수 없고, 그래서도 안 됩니다. 예전에는 세상의 꿈과 인생의 목표가 모두 자기사랑에서 비롯된 것이었지만, 하나님의 사랑을 경험하고 그분의 자녀가 된 뒤에는 궁극적인 목표가 하나님께 영광을 돌리는 것이기 때문입니다.

B. 창조의 목적에 대한 깨달음과 소명

회심을 통해 신자는 하나님께서 이 세상을 창조하신 목적과 자신을 구원하셔서 망가진 세상 한복판에 남겨 두시어 필요한 하늘의 자원과 땅의 자원을 공급해 주시는 궁극적인 목적이 무엇인지를 깨닫게 됩니다. 이 세상을 고쳐 창조의 목적으로 돌아가게 함으로써 하나님의 이름이 이 땅에서 영광을 받으시기 위함임을 압니다.

그리고 하나님의 크신 사랑의 경험 안에서 이루어지는 그분과의 친교는 신자에게 하나님 밖에서 행복을 찾으려는 어그러진 자신의 모습을 미워하도록 만들어 줍니다. 사실 그러한 옛 자아의 자기사랑은 모두 영적인 어두움과 지적인 눈멂 속에서 생겨난 것이고, 그것들은 구체적인 삶 속에서 그 모습을 드러냈습니다. 이것이 바로 하나님께 불순종하는 생활이었습니다.

거듭나기 전 인간은 영적인 어두움과 지적인 눈멂으로 인하여 생각은 허탄한 데 굴복하고, 정서는 부패하며, 의지는 선한 일을 행하는 데 있어 무능한 존재들입니다. 그 속에서 인간은 헛된 것을 추구하고 헛된 만족을 찾게 됩니다.

그러나 사랑이 많으신 하나님께서는 당신이 택한 사람들을 그 비참한 상태에서 건지셨습니다. 성령께서 하나님의 말씀으로 죄인의 마음에 역사하심으로써 이 모든 무지와 어두움 속에서 벗어나 하나님께서 자기를 창조하신 목적이 무엇인지를 깨닫게 하신 것입니다.

C. 새로운 가치를 따라 살도록 변화시키는 방식

이러한 성령의 자유케 하시는 역사는 반드시 하나님의 말씀을 사용함으로써 이루어지는데, 이것은 최소한 다음 세 가지 방식으로 이루어집니다. 그것은 계명(啓明, enlightenment), 조명(照明, illumination), 감화(感化, influence)입니다.

1. 계명(啓明)

첫째로, 성령께서 신자의 마음을 밝히 비추시는 계명을 통해 이 일을 하십니다. 빛이 있기 전에는 어두움이 가득하여 사물을 분별할 수 없지만, 빛이 들어옴으로써 모든 것을 밝히 볼 수 있게 되듯이 먼저 죄인의 어두운 마음을 성령께서 밝히시는 것입니다.

계명을 통해 죄인은 주관적인 어두움에서 벗어나게 됩니다. 이제껏 자기 안에 있는 어두움으로 말미암아 참된 것을 보지 못하고 허탄한 것에 사로잡혔던 그의 영혼을 성령께서 밝히십니다. 이러한 성령의 계명하시는 역사가 신자의 마음에 일어날 때, 신자는 이제껏 자신의 인생의 목표라고 생각했던 많은 것들이 너무나 무가치하고 헛된 것임을 깨닫게 됩니다. 그리고 그 계명 안에서 하나님께서 자기를 사랑하시는 궁극적인 계획을 발견하게 됩니다.

이 때 신자가 더욱 풍부한 하나님의 말씀을 깨닫고 지성적으로 이해의 폭을 넓힐수록 보다 더 탄탄한 논리 구조를 가지고 하나님께서 세상을 창조하신 계획과 자신의 인생의 목표가 왜 헛된 자기 사랑일 수가 없는지에 대해 깨닫게 됩니다. 그리고 그러한 분명한 사고의 틀 안에서 그는 기독교 사상을 가진 신자가 됩니다.

구원받은 신자가 너무나 힘없이 죄에 굴복하고 방종한 삶을 사는 것은 그 사람 안에 강력하게 역사하고 있는 죄의 능력 때문입니다. 그러나 이처럼 성령의 계명을 통해 영혼의 어두움이 밝혀지고, 지적인 깨달음으로 많은 것을 이해하면 할수록, 그는 이러한 실패에 자신을 덜 내어 주게 됩니다. 견고한 지식이야말로 성숙하고 꿋꿋한 신자의 삶에 있어 필수적인 조건이라 할 수 있습니다.

2. 조명(照明)

둘째로, 성령께서 성경의 계시를 깨닫도록 조명하심으로서 지성을 일깨우시는 것입니다. 성령의 조명하시는 역사는 성경 계시입니다. 계명하시는 성령의 작용의 대상이 주관적인 인간의 마음이라면, 조명하시는 성령의 작용의 대상은 하나님의 말씀입니다.

성령의 조명하시는 역사는 하나님의 말씀을 접하는 인간의 지성을 일깨우는 작용입니다. 하나님의 말씀의 의미를 조명해 주심으로 인간의 지성이 그것을 잘 이해할 수 있도록 이끌어 주십니다. 이러한 지식의 조명을 통하여, 신자는 하나님께서 이 세상을 창조하시고 자기를 구원하셨다는 사실뿐 아니라, 그 개별적인 사실들 사이의 연결과 그 연결들이 자신의 인생 안에서 어떻게 작용하며, 또 세상 안에서 만물들이 어떻게 그분의 창조의 목적을 드러내며 일치를 이루는지 깨닫게 됩니다.

특별히 이러한 각성이 일어나는 때에 하나님의 말씀 전체를 관통하는 교리적인 지식들을 섭취하게 되면 이러한 이해력은 탁월하게 증진될 것입니다. 그렇게 함으로써 신자는 예전에 자신의 욕망을 따라 자기사랑에 빠져 충동적으로 살던 옛 삶의 어리석음을 깨닫게 됩니다.

성령의 역사로 말미암아 밝혀진 마음과 조명된 지성이 함께 작용하며 하나님께서 천지를 창조하신 목적과 자기 아들을 보내시기까지 우리를 사랑하시고 구원하신 계획들을 알게 됩니다. 그럴수록 마음은 하나님의 말씀을 더 많이 깨달아 그러한 개별적 사실들 간에 존재하는 논리의 간격들을 메우려 하고, 지성은 신령한 호기심과 탐구열을 가지고 이 일을 위해 기여하고자 합니다.

신자의 마음 안에 있는 하나님과 우리 주 예수 그리스도를 더욱 알기 원하는 구도의 정신은 이러한 헌신을 독려합니다. 또한 이렇게 깨닫게 된 개별적인 진리에 대한 지식들은 하나님을 경외하는 신자의 마음속에 적용되고, 적용된 그 지식들은 삶으로 실천되기에 이릅니다.

마치 죄인 안에 있는 죄의 경향성들이 산출되고자 하는 것처럼, 진리로 말미암아 역사하는 모든 빛의 작용들은 거룩한 삶으로 산출되려고 합니다. 이것이 바로 신자가 전 존재로써 하나님을 추구하는 모습입니다.

3. 감화(感化)

셋째로, 성령의 감화를 통하여 이 일을 이루십니다. 마음을 밝히시는 성령의 계명과 지성을 밝히시는 조명을 통해 깨닫게 된 진리들은 감화하시는 성령의 역사에 의해 인간의 마음에 영향을 미치게 됩니다. 그래서 그 진리의 말씀에 사로잡히게 만들어 줍니다. 이 때 감화를 통해 인간의 마음에 새겨지는 진리의 말씀은 개념적이고 객관적인 진리가 아니라, 주관적이고 체험적인 하나님의 말씀으로서 다가오게 됩니다.

신자는 이전에 하나님을 거스르며 살았던 모든 불순종을 회개하게 되고, 그것이 모두 어리석고 가치 없으며 형벌 받아 마땅한 죄악이었음을 고백하게 됩니다. 누구의 억압이나 강요 없이 스스로 하나님 앞에 고백하게 되는데, 이 때 자신의 전 존재와 삶의 죄악된 상태에 관한 진실한 참회가 동반됩니다. 성령께서 그의 마음에 인격적으로 감화하셨기 때문입니다.

성령의 감화를 통해 자신의 죄를 깨닫게 된 죄인들이 그리스도의 십자가 앞으로 돌아오는 것도 바로 이 때문입니다. 창조주 하나님을 거스르며 살았던, 형벌 받아 마땅한 자신의 죄악된 삶을 회개하면서 그는 오직 하나님께로부터 오는 구원을 갈망하게 됩니다. 그리고 변치 않는 구원방법이 오직 예수 그리스도의 십자가임을 깨닫게 됩니다.

그래서 허탄한 자기사랑을 버리고 창조의 목적을 따라 살도록 돌아선 모든 신자들 안에는 십자가에 대한 경험이 있습니다. 그 십자가의 경험 안에서 그리스도를 십자가에 못 박게 했던 자신의 옛 자아는 함께 십자가에 못 박힙니다. 거기서 참으로 하나님의 이름을 높이고 주님이 창조하신 이 세상을 복되게 하는 그 소명을 따라 살지 않은 옛 삶과 그러한 옛 삶의 뿌리인 옛 자아는 십자가에 못 박힙니다.

하나님 없이 스스로의 힘으로 살아보려 했던 헛된 독립심과 하나님 밖에서 행복을 찾으려 했던 어그러진 옛 자아의 욕망은 분쇄됩니다. 드러나는 하나님의 찬란한 영광과 위엄을 깨닫는 영적 경험을 통해, 그는 이 세상과 자신이 마땅히 존재해야 할 위치에서 얼마나 멀어졌는지를 깨닫게 됩니다. 그리고 자신이 이 세상에 존재하고 살아감으로 말미암아 이러한 상태를 개선하는 일에 조금이라도 이바지하고 싶어합니다. 신자의 이러한 마음의 변화는 감화하시는 성령의 역사로 말미암는 것입니다.

아아, 우리 가운데 이러한 성령의 감화가 끝없이 계속 된다면 얼마나 좋겠습니까. 죄와 어두움에 매여 창조의 목적으로부터 멀어진 채 하나님의 형상의 아름다움을 세상사랑의 우상과 바꾸고, 죄의 삯으로 주어지는 허무한 즐거움을 먹고사는 많은 사람들이 이 빛으로 돌아올 수 있다면 얼마나 좋을까요. 온 땅에 다시 창조주 하나님의 영광이 가득하고, 그분의 이름이 모든 피조물들 가운데 정당하게 높임을 받을 수 있다면 얼마나 좋을까요. 신자는 바로 이 일을 위해 부름을 받았고, 이 목표를 따라 살도록 그리스도의 피로 구속함을 받은 자들입니다.

생각해 보십시오. 하나님께서 우리에게 주시지 않은 것이 무엇입니까. 우리의 비천한 생명을 위해 당신의 아들을 주셨고, 그 피로 구속하신 후에도 우리가 하나님의 자녀답게 살아가기 위해 필요한 모든 것을 주셨습니다. 하늘의 은혜와 성령의 기쁨과 하늘의 자원과 이 세상의 모든 자원을 공급받으며 인간다운 품위를 유지하게 하셨고, 하나님을 섬기는 보람을 얻을 수 있도록 섬길 자리를 주셨습니다. 어느 때에든지 믿음으로 나아가 그분의 얼굴을 구할 때, 우리의 기도를 외면하지 않으셨습니다.

잠시 우리의 죄와 불순종으로 말미암아 고통스러운 침묵의 시간들이 그분과 우리 사이에 흘렀을지라도, 결국은 다시 찾아오셔서 우리에게 당신의 사랑과 친교를 보이셨습니다. 그분이 우리에게 무슨 나쁜 일을 하셨습니까.

아아, 하나님의 선하심은 어찌 그리 큰지요. 당신이 사랑하는 백성들뿐 아니라 당신이 창조하신 이 모든 세계에 대한 하나님의 오래 참으시는 사랑과 긍휼을 무엇으로 다 말할 수 있을까요. 피조물들이 감당할 수 없는 그 크신 사랑과 선하심이 오늘도 계속되지만, 여전히 세상은 창조의 목적을 멀리 떠난 채 피곤하기 짝이 없는 역사를 이어가고 있습니다. 하나님의 자녀들을 감화시키시는 성령의 역사는 이렇게 허무한 일에 굴복하는 이 세상의 피조물들을 창조의 본래 목적과 영광으로 돌아오게 하기 위하여 나타난 것입니다.

그러므로 우리는 하나님께로부터 받은 이 구원의 은혜를 일상적인 것으로 여기고 또다시 자기의 옛 자아의 욕심을 따라 살아가서는 안 됩니다. 하나님께서 우리에게 주신 고귀한 구원의 은혜는 그리스도를 위해 살도록 주신 생명입니다. 이 생명을 통해 하나님께 헌신하는 삶을 살게 하시려는 것입니다.

D. 회심의 보존과 영광의 갈망

이러한 성령의 역사를 통해 신자는 예전에 가지고 있었던 옛 사람의 목표를 버리고 새로운 피조물로서 새로운 인생의 목표를 갈망하게 됩니다. 그것은 바로 하나님의 영광을 향한 갈망입니다. 자기 안에서 뿐만 아니라 밖에서도 하나님의 영광이 실현되기를 간절히 갈망하게 됩니다.

생각을 속이고, 정서를 부패하게 하고, 의지를 허무한 데 굴복하게 하는 죄의 속이는 역사를 누르기만 한다면, 이러한 갈망은 신자 안에서 언제나 불꽃처럼 타오를 수 있습니다. 문제는 신자 안에 있는 죄입니다. 유혹하는 세상과 신자 안에 남아있는 부패한 성품은 신자가 망가진 세상을 고쳐 이 세상에 하나님의 영광이 가득하게 하는 목표를 따라 올곧은 삶을 살지 못하게 합니다. 그래서 때로는 가장 진실한 신자라 할지라도 이러한 헌신의 길에서 이탈할 때가 있습니다. 그리고 자신의 힘으로 다시 예전에 그렇게 살고 싶었던 소명을 따라 살 수 없게 될 때가 있습니다.

아, 인간이 얼마나 연약한지요. 지푸라기 같은 인간을 들어 사용하시는 하나님의 은혜에 감사할 뿐입니다. 하나님께서는 신자의 이러한 연약함을 통하여 당신 자신의 능력을 보이십니다. 그래서 신자는 이렇게 약해진 경험을 통하여 자기를 신뢰하지 않고 주님을 의지하는 방법을 배웁니다. 그래서 하나님께서는 넘어지고 깨어지는 과정을 통하여 우리로 아직까지도 마음 밑바

닥에 남아 있는 자기를 신뢰하는 마음을 포기하게 하십니다.

신자는 이러한 실패의 경험을 통하여 자기비하를 배우게 되고 겸손해집니다. 그리고 이러한 자기비하와 겸손의 경험을 통해 지속적으로 하나님을 의지하게 됩니다. 이러한 절대적인 의존 속에서 하나님을 떠난 모든 사악한 인생의 목표는 날마다 십자가에 못박히고, 하나님의 은혜만을 어린아이처럼 갈망하게 됩니다.

신자가 지속적으로 하나님의 영광을 위하여 헌신하기 위해서는 회심과 함께 처음 공유하게 된 하나님과의 목표의 하나 됨을 지속적으로 유지하여야 합니다. 이 일을 위해서는 끊임없이, 그리고 꾸밈없이 하나님께만 속하고 그리스도께만 붙어 있으려는 올곧은 결단이 필요합니다.

날마다 하나님의 사랑으로 말미암는 진실한 감화의 경험이 필요합니다. 그 사랑의 경험 속에서 신자는 날마다 자기사랑이 만들어 낸 헛된 인생의 목표를 십자가에 못 박습니다. 그리고 오직 하나님으로 말미암아 자기에게 심겨진 목표에 끊임없이 헌신하게 됩니다.

신자의 거룩한 소명은 연약한 인간은 감당할 수 없는 영광스러운 것입니다. 그래서 신자는 날마다 하나님 앞에 자기가 누구인지를 확인해야 합니다. 한때 주님을 만나고 그분의 영광을 위하여 살기로 결심했다 할지라도, 자신의 힘으로는 도저히 그렇게 살 수 없다는 사실을 날마다 확인해야 합니다. 그래서 이 땅에 살아 있는 동안 어린아이처럼 주님을 의지하고, 그분께로부터 오는 성령의 감화와 조명과 계명이 그치지 않도록 하여야 합니다. 하나님의 손에 붙잡힌 신자만이 창조의 목적을 따라 살 수 있기 때문입니다.

Ⅲ. 그리스도를 닮은 인격
: 그리스도와의 친교에서 비롯됨

하나님과 동행하는 성도의 내적 생명의 열매는 그리스도를 닮은 인격입니다. 중생과 함께 신자 안에 심겨지는 새 생명의 원리는 순종하는 삶을 살 수 있게 하는 내적 원리가 되어 삶의 열매를 맺게 합니다. 성화의 작용을 통하여 내적 생명이 신자의 인격을 거룩하게 함으로써 그리스도의 형상을 본받게 하는 것은 내적 은혜의 결과인 동시에 변화된 내면세계와 외적 생활을 이어 주는 다리가 되는 것입니다.

신자 안에서 계속되는 은혜의 작용은 그를 그리스도 닮은 인격으로 변화시켜가는 한편, 하나님의 뜻에 부합하는 순종의 삶을 살게 하기 때문입니다. 그리고 신자의 그리스도를 닮은 인격은 그리스도와의 친교를 통하여 더욱 촉진됩니다.

A. 분리되지 않는 은혜의 작용

인간의 내면과 외적 생활은 구분되지만, 이 둘을 통해 흐르는 은혜의 작용은 분리되지 않습니다. 그래서 신자의 내면세계가 하나님의 은혜로 가득 차게 되면, 그는 하나님을 사랑하고 그 뜻대로 살고자 하는 소원을 갖게 될 뿐 아니라, 외적인 삶에 있어서도 하나님의 모든 계명을 즐거이 따르는 순종의 삶을 살게 됩니다. 신자 안에 심겨진 새 생명의 원리는 인간의 영혼에 심겨지지만 그 역사와 작용은 영혼과 관련된 모든 내적 기관에까지 미치기 때문입니다.

이러한 원리는 죄의 작용에 있어서도 마찬가지입니다. 인간의 내면에 대한 죄의 작용이 전 포괄적이라는 사실은 악한 내면세계를 가진 죄인들이 거기에 어울리는 삶을 살 때 평안을 느끼는 것을 통해서도 잘 나타납니다. 그래서 예수 그리스도께서는 선한 사람은 그 쌓은 선에서 선한 것을 내고 악한 사람은 그 쌓은 악에서 악한 것을 낸다고 말씀하셨습니다.**18)**

B. 거룩케 하는 은혜가 작용하는 방식

하나님의 은혜의 작용으로 내면세계가 채워진 신자는 그 은혜에 어울리는 순종의 삶을 살아갈 때 만족을 얻게 됩니다. 신자 안에서 계속되는 은혜의 작용은 그 사람의 내면세계만을 새롭게 하는 것이 아니라 그 사람의 본성을 쇄신함으로써 그의 인격 자체를 거룩하게 변화시킵니다. 이것은 크게 두 가지 방식으로 이루어집니다.

1. 새 성품이 심겨짐으로써

첫째로, 중생과 회심을 통해 신자의 본성 자체에 결정적이고 중요한 변화가 일어남으로써 인격을 거룩하게 변화시킵니다. 영적 죽음의 상태에 있던 인간은 중생과 회심을 통해 생명의 상태로 변화되는데, 이는 본성 자체의 심오한 변화이며 이후에 이어질 삶의 방향을 결정하는 요인이 됩니다.

---

18) "선한 사람은 그 쌓은 선에서 선한 것을 내고 악한 사람은 그 쌓은 악에서 악한 것을 내느니라"(마 12:35). "선한 사람은 마음의 쌓은 선에서 선을 내고 악한 자는 그 쌓은 악에서 악을 내나니 이는 마음에 가득한 것을 입으로 말함이니라"(눅 6:45).

이러한 변화를 통해 하나님을 거스르고 살던 죄인들의 내면세계 안에 하나님의 창조의 계획을 따라 살려는 선한 경향성이 수립되는 것입니다. 이것은 신자가 어떠한 죄의 상태에 있다 할지라도 부인될 수 없는 경향성입니다. 신자는 그러한 경향성에 부합하는 마음의 상태가 될 때에만 궁극적인 만족과 위로를 경험하게 됩니다.

2. 옛 성품을 죽임으로써

둘째로, 중생한 신자 안에 남아 있는 부패한 본성을 쇄신시킴으로써 인격을 거룩하게 변화시킵니다. 이것은 성화의 과정을 통해 이루어집니다. 성화는 옛 사람의 부패한 성품으로부터 그를 순결하게 하시는 성령의 역사입니다.[19]

신자 안에 잔존하는 죄는 옛 사람의 성품의 잔재이며, 이것은 여전히 하나님께서 세상을 창조하신 목적을 거절하는 것으로 나타납니다. 그래서 신자 안에 잔존하는 죄가 죽임을 당하지 않고 번성하도록 방치되면, 신자는 하나님을 사랑하고 창조와 구속의 계획을 따라 살기보다는 맹목적인 자기사랑의 조정을 받으며 자기의 행복을 추구하며 살아가게 됩니다. 따라서 신자는 중생을 통해 본성에 있어 근본적인 변화가 일어났다 할지라도, 끊임없이 옛 성품 안에 깃든 자기사랑을 죽임으로써 죄의 영향력으로부터 벗어나야 합니다. 그렇게 될 때에 신자는 존재 자체가 거룩해지게 되는 것입니다. 그리고 이렇게 실제적으로 거룩해진 신자들이 실천적인 삶에 있어 거룩한 삶을 살아갈 때, 하나님께서는 그들을 통해 영광을 받으십니다.

C. 거룩한 인격을 통하여 영광 받으시는 이유

하나님께서 신자의 인격이 거룩하게 변화되는 것을 통해 영광

---

19) 인간은 아담의 타락으로 말미암아 발생한 심각한 결과를 물려받게 되었는데 이것은 죄책과 오염이다. 이 둘을 합쳐서 원죄, 혹은 물려받은 죄라고 부른다. 죄책은 죄를 지었기 때문에 져야 하는 법적 책임이고, 오염은 죄를 지었기 때문에 결과로서 존재하게 된 선천적이고 도덕적인 부패성이다. 오염은 타락한 인간이 자신 안에 물려받은 죄된 본성인데, 이는 두 가지 성격을 가지고 있다. 인간의 본성과 관련하여서는 선천성을, 그리고 행위와 관련하여서는 전적인 부패성을 지니고 있다. 선천성이라는 것은 인간이 태어날 때부터 본성적으로 죄에 오염되었다는 것을 의미하며, 이는 인간이 누구든지 하나님 앞에서 받아들여질 만한 어떤 영적 선도 생래적으로 가지고 있지 않게 되었다는 뜻이다. 또한 전적인 부패성이다. 이러한 도덕적 부패성은 다시 두 가지로 나누어서 설명되는데, 인간의 전적 타락과 전적인 무능이다. 전적인 타락은 인간의 성품 자체가 완전히 타락해서 하나님의 명령에 순종하려는 의지가 없는 것을 가리키며, 전적인 무능이란 순종하려고 마음먹어도 그렇게 순종할 능력이 없는 상태를 가리킨다. 김남준, 「구원과 하나님의 계획」, (서울; 부흥과개혁사, 2004), pp. 67-68.

을 받으시는 것은 다음과 같은 이유 때문입니다.

1. 거룩한 생활을 항구화하기 때문에

첫째로, 인간의 본성의 근본적인 변화를 통한 인격의 변화만이 거룩한 삶을 항구화하기 때문입니다. 하나님께서는 우리가 충동과 자극에 의해 일시적으로 율법에 부합하게 행하는 것으로 영광 받지 않으십니다. 이러한 행동들이 전혀 가치 없는 것은 아니지만, 그것은 변화된 본성에서 우러나오는 것이 아니기 때문에 하나님의 창조의 영광을 드러내고 사람들에게 하나님을 알리는 데 충분하지 않습니다.

하나님께서 기대하시는 것은 세상이 인간과 사물의 본질적인 변화로 말미암아 창조주의 보존하시는 의지에 순종하고 그 영광을 드러내는 상태가 되는 것입니다. 따라서 하나님께서는 인간의 본성에 참된 변화를 일으키시고, 그것을 토대로 신자 안에 남은 죄를 정결케 하심으로 변화의 작용이 항구적이기를 원하시는 것입니다.

하나님께서 창조하신 세상을 생각해 보십시오. 해는 언제나 빛과 열을 내고, 달과 별은 언제나 그 빛을 반사합니다. 물은 언제나 흐르고, 높은 하늘은 언제나 푸르릅니다. 나무는 언제나 계절을 따라 잎과 꽃과 열매를 내고, 살아있는 나무는 그 본질을 유지하며 성장해 갑니다. 이처럼 하나님께서 창조하신 세상은 사물 하나하나가 저마다의 항구적인 속성을 가지고 그에 부합하는 고유한 작용을 계속합니다. 이렇게 함으로써 창조세계는 창조주이신 하나님의 영광을 드러내게끔 경륜되어 있습니다.

2. 하나님의 성품을 보여주기 때문에

둘째로, 신자의 인격의 변화는 하나님의 성품을 보여주기 때문입니다. 하나님께서 구원 받은 신자를 이 세상에 두신 궁극적인 목적은 그들을 통해 죄로 말미암아 망가진 이 세상을 고쳐 창조의 목적으로 돌아가게 하시기 위함입니다. 그리스도께서 이루신 구속을 통해 타락한 인간을 하나님께로 돌아오게 하고, 만물이 하나님의 영광을 드러내는 창조의 목적을 이루게 하시려고 신자를 이 세상에 남겨 두신 것입니다. 그리고 이러한 목적을 이루기 위한 첫걸음이 바로 복음전도입니다.

그러나 회복되어야 할 것은 죄로 말미암아 파멸에 이를 영혼만이 아닙니다. 죄의 결과로서 비참하게 오염된 인간의 전포괄적인 삶과 자연계조차도 회복되어야 할 대상입니다. 그리스도의 구속을 통해 회복되어야 할 아름다움과 탁월함은 인간의 영혼 자체를 넘어서, 정치는 물론 학문과 예술, 문화와 과학 등 이 세상에서 인간에 의하여 이루어지는 모든 영역에까지 이르러야 합니다. 그래서 온 세상이 전포괄적으로 창조의 본래 영광과 목적을 드러낼 수 있도록 부름 받은 사람들이 신자입니다. 신자 안에 역사하는 하나님의 은혜는 이러한 목적을 따라 살게 합니다. 그리고 성경의 많은 계명들은 바로 그러한 삶으로 인도하는 도구입니다.

성화를 통한 신자의 인격의 변화는 이 세상에 하나님의 성품을 보여줌으로써 하나님께 영광을 올립니다. 또한 이 세상이 신자의 인격을 통해, 그를 창조하시고 구원하신 하나님을 미처 알지 못하는 때에라도 하나님은 그들의 변화된 인격을 통하여 영광을 받으시기 때문에 신자는 날마다 부패한 성품을 버리고 그리스도를 닮아가야 합니다.

3. 하나님과의 친교를 촉진하기 때문에

셋째로, 신자의 인격이 이렇게 거룩하게 될 때 하나님과의 친교가 촉진되기 때문입니다. 하나님께서는 우리의 섬김뿐 아니라 우리와의 친교를 통해서도 영광을 받으십니다. 하나님과의 친교 안에서 신자는 실제적으로 하나님과 연합되며, 그러한 연합의 경험 안에서 신자의 마음은 하나님께 더욱 붙어 있게 되는데, 이것은 사랑 속에서 이루어지는 전적인 의존의 마음입니다. 그리고 이 의존의 마음 안에서 하나님과의 친교는 증진되고, 하나님은 더욱 영광을 받으십니다.[20]

그리스도를 닮은 신자의 인격에 이러한 친교와 사랑, 그리고 의존의 마음이 항구적으로 자리할 때, 신자는 더욱 친밀한 하나님과의 교제 안에서 살게 됩니다. 이것이 바로 하나님을 경외하는 삶을 살아가는 언약 백성들의 경건입니다. 이렇게 함으로써 인간은 하나님께 대한 절대적인 의존의 친교 속에서 하나님 밖에

---

[20] 조나단 에드워즈는 하나님께서 구속 사역 안에서 영광을 받으시는 방식을 설명하면서 구속된 자들이 그분을 더할 나위 없이 의지하고 절대적으로 의존하는 곳에서 영광을 받으신다고 말한다. 부분적으로만 하나님을 의지하는 것은 곧 다른 것을 의지하는 것이며, 이것은 우리의 영혼의 완전한 주인이시고 완전한 경외의 대상이신 하나님께 어울리는 인간의 태도가 아니라는 것이다. Jonathan Edwards, "God Glorified in Man's Dependence", in *The Works of Jonathan Edwards*, vol. 2, revised and corrected by Edward Hickman, (Edinburgh: The Banner of Truth Trust, 1995 reprinting), p. 6.

있는 자기사랑의 계획을 따라 사는 일을 날마다 포기하고, 하나님의 계획을 따라 살아가게 되는 것입니다.[21]

인간을 죄에서 구원하여 그리스도 안에 새로운 피조물로 만드시는 것은 재창조의 행위입니다. 그러므로 청교도 신학자 존 오웬이 지적한 바와 같이, 중생은 작은 우주로 비유할 수 있는 인간의 재창조입니다. 그리고 이 작은 재창조는 보다 더 궁극적이고 우주적인 재창조를 위한 하나님의 선취적인 행동입니다.

죄로 말미암아 망가진 인간의 본성을 고쳐 창조의 목적에 부합하게 변화시키시고 그 작용을 항구적이게 하심으로써 하나님께서는 세상을 고쳐 가시는데, 이것이 바로 신자의 인격적인 변화입니다. 충동과 일시적인 자극에 의해 나타나는 도덕적인 행동은 그런 방식으로 창조의 영광과 구속의 탁월성을 드러내지 못합니다.

---

[21] 이에 대하여 조나단 에드워즈는 이렇게 말한다. "이제 만유에 대하여 그리고 그분으로 말미암아 그분 안에서 가지고 있는 모든 것에 대하여 하나님을 온전히 의존하는 것과 일치하지 않는 어떤 계획이 있다고 한다면, 그것은 복음의 계획과 취지에 어긋나는 것이며, 하나님께서 보여 주신 복음의 광채와 영광을 탈취하는 것이다"(Now whatever scheme is inconsistent with our entire dependence on God for all, and of having all of him, through him. and in him, it is repugnant to the design and tenor of the gospel, and robs it of that which God accounts its lustre and glory). Jonathan Edwards, "God Glorified in Man's Dependence", in *The Works of Jonathan Edwards*, vol. 2, revised and corrected by Edward Hickman, (Edinburgh; The Banner of Truth Trust, 1995 reprinting), p. 7.

그래서 인간 본성의 참된 변화와 거기에서 비롯된 인격적인 변화가 없이 행하는 일시적인 선한 행동들은 창조세계 전체를 회복시키시려는 하나님의 의도와 계획에 부합하지 못합니다. 하나님께서 신자들을 인격적으로 변화시키심으로 당신과 동행하기에 적합한 사람들로 만드시는 것도 바로 이 때문입니다. 그래서 하나님과 동행한 거룩한 성도들은 항상 거룩한 인격의 소유자였으며, 그 인격에서 흘러나오는 자연스러운 삶을 삶으로써 하나님이 누구신지를 보여 주었습니다.

성령으로 말미암아 신자의 인격이 거룩해져 가서 그리스도의 형상을 본받게 되면 될 수록, 그리스도와의 친교는 더욱 깊어집니다. 그리고 그리스도와의 친교는 신자의 인격을 더욱 거룩하게 만들어 줍니다. 그러므로 그리스도와의 친교는 신자가 더욱 거룩해지는 원인이기도 하고 목적이기도 합니다. 이러한 순환의 작용을 통하여 신자는 주님의 날까지 더욱 거룩해지고, 창조시의 하나님의 형상을 가장 완벽하게 닮은 예수 그리스도의 모습을 본받게 됩니다.

이로써 신자는 세상에서 그리스도가 계셨더라면 섬기셨을 섬김을 행하며 살기에 적합하게 되고, 그리스도께서 존재하셨을 모습이 됨으로써 하나님의 영광을 드러내게 됩니다. 이것이 하나님과 동행하는 삶을 사는 신자의 삶의 복음적 비밀 가운데 하나입니다.

D. 성화의 은혜가 그리스도를 닮게 하는 원리

이러한 하나님의 계획을 따라 신자가 거룩해져 갈 때 결과적으로 그리스도를 닮아 가게 됩니다. 하나님의 은혜가 신자 안에 역사하여 내면세계를 변화시키고, 인격을 온전하게 할 때, 결과적으로 그리스도를 닮은 형상으로 나타나게 되는 원리는 다음과 같습니다.

첫째로, 인간 본성의 변화를 통하여 창조의 목적인 선을 추구하는 기초가 마련됩니다. 하나님을 거스르며 살던 악한 죄인들이 회개하고 거듭날 때, 그들 안에 있는 자기사랑이 파멸되고 하나님께 대한 사랑이 생겨나게 되는데, 이러한 사랑은 이기적인 자기사랑의 계획을 포기하고 하나님 안에 있는 계획을 받아들이게 만듭니다. 그리고 지속적으로 그것을 생각하고 목표로 삼으며 인생을 살아가게 합니다. 그런데 이러한 방향성은 예수 그리스도께서 이 세상에 계셨을 때 지니셨던 삶의 방향성과 일치하기 때문에 결과적으로 그분을 닮아 가게 되는 것입니다.

둘째로, 예수 그리스도께서 이 일에 있어 탁월한 모범으로 제시 되셨습니다. 인간은 거듭난 후에 이러한 창조의 목적 안에서 구속의 계획을 따라 살아가게 됩니다. 그는 중생과 함께 부여받은 천적 성품 안에서 올곧음과 은혜를 지니고 있지만, 이것은 예수 그리스도와 달리 자신의 죄로 인하여 수시로 약화되거나 파괴됩니다. 그래서 그에게는 끊임없는 돌이킴과 자기깨어짐이 필요합니다. 그는 결코 하나님의 창조의 목적을 따라 사는 참된 인간의 기준이 될 수 없습니다.

그러나 예수 그리스도는 그 모든 일에 있어서 탁월한 모범이 되십니다. 예수 그리스도의 인격의 탁월성은 그분이 이 세상에 존재했던 모든 인간들 중에 하나님의 창조의 목적을 따라 살기에 가장 완벽한 사람이셨으며, 실제 그분이 이 세상에서 영위했던 삶은 하나님의 모든 계명과 말씀을 지킨 삶으로서 완전한 미덕의 삶이었다는 사실에 있습니다. 예수 그리스도만큼 하나님께서 그를 이 세상에 두고자 하시는 곳에 있고, 되게 하고자 하시는 존재로서 남았던 사람은 없습니다. 여기에서 예수 그리스도의 존재는 밤하늘에 빛나는 별처럼 모든 사람들이 보기에 현저한 빛을 발합니다.

셋째로, 하나님께서 모든 신자에게 그리스도를 닮도록 경륜하셨기 때문입니다. 인간은 하나님께 받은 명령이 보다 구체적일 때 훨씬 더 쉽게 순종할 수 있습니다. 순종할 의지가 없는 사람들에게 애매한 명령과 삶의 표준은 현실에서의 순종의 의무를 해태하게 하는 빌미를 제공합니다. 그래서 하나님께서는 모든 언약 백성에게 하나님께서 영광을 받으시는 창조의 선한 상태로 우리를 이끄시도록 원론적으로만 분부하셨을 뿐 아니라, 믿고 지키며 살아가기에 필요한 표준이 되는 계명을 주셨습니다. 그래서 하나님의 뜻대로 살고 싶다는 총론적인 고백뿐 아니라 그것을 구체적으로 삶 속에 적용하는 실천의 생활을 이어가게 하셨습니다.

하나님께서는 그리스도를 사람의 몸으로 이 세상에 보내심으로써 한편으로는 더욱 구체적이고 새로운 계명들을 주시고, 또 한편으로는 예수 그리스도로 그 계명대로 살아가고 하나님이 원하시는 존재가 되게 하심으로써, 이 땅에 있는 모든 신자들이 그분의 본을 따르기를 기뻐하셨습니다. 그래서 하나님의 뜻대로 살고 그분의 모든 계명을 따라 그분이 원하시는 존재가 되려고 할 때 신자들은 필연적으로 그리스도를 닮게 되는 것입니다.

E. 별처럼 등대처럼

청교도 목회자였던 로버트 맥체인(Robert M. McCheyne)은 이 세상에서 가장 큰 복은 그리스도를 많이 닮는 것이라고 하였습니다. 그러나 오늘날 너무나 많은 사람들은 이러한 복을 낯설어 하고 있습니다. 그래서 자신이 변화되어 진실한 신자가 됨으로써 그리스도를 보여 주고 그분을 닮은 형상이 되는 것으로 즐거워하기보다는, 신앙의 힘을 빌려 이 세상에서 자신의 행복을 추구하는 데 도움을 받으려는 신자들이 많이 생겨나는 것입니다.

예수 그리스도 시대의 동전을 생각해 보십시오. 가이사의 얼굴이 찍히기 전까지 그것은 단지 쇳조각에 불과했습니다. 그러나 가치 없는 쇳조각에 가이사의 얼굴이 찍히자 그것은 매우 귀중한 로마의 화폐가 되었습니다. 어디서나 통용될 수 있고 모든 사람이 갖고 싶어하는 자원이 된 것입니다.

신자도 마찬가지입니다. 그가 아무리 옳은 사고를 가지고 선한 행실로 인생을 산다 해도 그 사람의 인격에 그리스도가 찍히지 않으면 그는 이 세상에서 가치 없는 쇳조각과 같은 존재일 뿐입니다. 그러나 그가 주님을 만나고 인격의 감화를 통해 예수 그리스도의 인격을 닮아 간다면, 그의 소유와 지위에 관계없이 그는 소중한 사람이며, 하나님께서는 그를 통해 거룩하신 자신을 나타내시고 영광을 받으실 것입니다. 그리고 신자는 그러한 하나님으로 인하여 최고의 행복을 누리게 될 것입니다.

신자는 이렇게 그리스도를 닮은 인격으로 변화되어 거룩하신 하나님과 동행하며 이 세상을 살아가는 존재들입니다. 밤하늘의 별과 밤바다의 등대처럼, 주님이 부르시는 그 날까지…….

사명선언문

너희가 흠이 없고 순전하여……세상에서 그들 가운데 빛들로
나타내며 생명의 말씀을 밝혀 _ 빌 2:15-16

1. 생명을 담겠습니다
만드는 책에 주님 주신 생명을 담겠습니다.
그 책으로 복음을 선포하겠습니다.

2. 말씀을 밝히겠습니다
생명의 근본은 말씀입니다.
말씀을 밝혀 성도와 교회의 성장을 돕겠습니다.

3. 빛이 되겠습니다
시대와 영혼의 어두움을 밝혀 주님 앞으로 이끄는
빛이 되는 책을 만들겠습니다.

4. 순전히 행하겠습니다
책을 만들고 전하는 일과 경영하는 일에 부끄러움이 없는
정직함으로 행하겠습니다.

5. 끝까지 전파하겠습니다
모든 사람에게, 땅 끝까지, 주님 오시는 그날까지
복음을 전하는 사명을 다하겠습니다.

서점 안내

광화문점 서울시 종로구 새문안로 69 구세군회관 1층
02)737-2288(T) 02)737-4623(F)

강남점 서울시 서초구 신반포로 177 반포쇼핑타운 3동 2층
02)595-1211(T) 02)595-3549(F)

구로점 서울시 구로구 시흥대로 577 3층
02)858-8744(T) 02)838-0653(F)

노원점 서울시 노원구 동일로 1366 삼봉빌딩 지하 1층
02)938-7979(T) 02)3391-6169(F)

분당점 경기도 성남시 분당구 황새울로 315 대현빌딩 3층
031)707-5566(T) 031)707-4999(F)

신촌점 서울시 마포구 서강로 144 동인빌딩 8층
02)702-1411(T) 02)702-1131(F)

일산점 경기도 고양시 일산서구 중앙로 1391 레이크타운 지하 1층
031)916-8787(T) 031)916-8788(F)

의정부점 경기도 의정부시 청사로47번길 12 성산타워 3층
031)845-0600(T) 031) 852-6930(F)

인터넷서점 www.lifebook.co.kr